AF200907

John Dear

Gewaltfrei leben

John Dear

Gewaltfrei leben

Aus dem Englischen
von Ingrid von Heiseler

Herausgegeben von
Thomas Nauerth

edition pace

Herausgegeben in Kooperation mit dem
Ökumenischen Institut für Friedenstheologie

Titel der US-amerikanischen Originalausgabe:
The Nonviolent Life, by John Dear
© Published by Pace e Bene Press, 2013
Library of Congress Control Number: 2013915471
https://paceebene.org
http://johndear.org

© 2019

John Dear
Gewaltfrei leben

Aus dem Englischen von Ingrid von Heiseler,
herausgegeben von Thomas Nauerth

edition pace 7

2., durchgesehene Auflage
Satz: www.oekum-institut-friedenstheologie.de
Umschlaggraphik nach der US-Originalausgabe:
Cover artwork by Carmelita Laura Valdes Damron

Herstellung & Verlag: BoD – Books on Demand, Norderstedt
ISBN: 9783749451791

Inhalt

Für die Freunde und Friedensstifter
Dar Williams und Patty Smythe

Wir staunen dieser Tage ständig über die verblüffenden Entdeckungen auf dem Gebiet der Gewalt. Aber ich bleibe dabei: Entdeckungen, von denen wir niemals auch nur geträumt haben und die scheinbar unmöglich sind, werden auf dem Gebiet der Gewaltfreiheit gemacht werden.

MOHANDAS GANDHI

Für mich ist Gewaltfreiheit die allerwichtigste Eigenschaft; sie muss genährt, untersucht und gepflegt werden.

DOROTHY DAY

Die letztendliche Schwäche der Gewalt ist, dass sie in einer Abwärtsspirale eben das erzeugt, was sie zu vernichten bestrebt ist. Anstatt dass sie das Böse verringert, vervielfacht sie es. Der Lügner kann mithilfe von Gewalt ermordet werden, aber weder kann die Lüge ermordet noch die Wahrheit errichtet werden. Der Hassende kann mithilfe von Gewalt ermordet werden, aber nicht der Hass. Tatsächlich verstärkt Gewalt nur den Hass. Wenn man Gewalt mit Gewalt erwidert, vervielfacht das die Gewalt und macht die Finsternis einer Nacht, in der ohnehin schon keine Sterne scheinen, noch tiefer. Finsternis kann Finsternis nicht vertreiben, das kann nur das Licht. Hass kann Hass nicht vertreiben, das kann nur die Liebe.

MARTIN LUTHER KING, JR.

Weitere Werke von John Dear:

Disarming the Heart
Jean Donovan und the Call to Discipleship
Christ Is With the Poor: Writings of Horace McKenna
It's a Sin to Build a Nuclear Weapon:
Writings of Richard McSorley
Our God Is Nonviolent
Oscar Romero und the Nonviolent Struggle for Justice
Seeds of Nonviolence
The God of Peace: Toward a Theology of Nonviolence
The Sacrament of Civil Disobedience
Peace Behind Bars
Apostle of Peace: Essays in Honor of Daniel Berrigan
Jesus the Rebel
The Road to Peace: Writings of Henri Nouwen
The Sound of Listening
The Vision of Peace: Writings of Mairead Maguire
And the Risen Bread: Selected Poems of Daniel Berrigan
Living Peace
Mohandas Gandhi: Essential Writings
Mary of Nazareth, Prophet of Peace
The Questions of Jesus
Transfiguration
You Will Be My Witnesses
The Advent of Peace
A Persistent Peace: An Autobiography
Put Down Your Sword
Daniel Berrigan: Essential Writings
Lazarus, Come Forth!

http://johndear.org/

ANMERKUNGEN
ZUR DEUTSCHEN AUSGABE

Dieses Buch hat ein Vorwort und man soll die Vorwörter nicht unnötig vermehren. Daher nur einige kurze Anmerkungen zur vorliegenden Übersetzung. Das Buch ist, was Stil, Emotionalität, Pathos und Rhetorik angeht, ein sehr US-amerikanisches Buch. Das konnte und wollte die Übersetzung nicht verdecken. Erwachsen ist das Buch aus Retraits, die John Dear, us-amerikanischer Aktivist und Publizist, katholischer Priester und ehemaliger Jesuit, in den letzten Jahren zahlreich gegeben hat. Von daher hat es nicht den Anspruch, ein wissenschaftliches theologisches Werk zu sein. Gleichwohl können nicht nur einfache Christenmenschen, sondern wohl auch Theologen einiges von diesem Buch lernen. Denn es ist ein tief religiöses, ein spirituelles und zugleich ein eminent politisches Buch, das mit einem Gebet eröffnet und abgeschlossen wird. Die Politik wird aber nicht auf der Ebene der Mächtigen gesucht, sondern sie wird im täglichen Einsatz für eine gerechtere und gewaltfreiere Welt, im täglichen Widerstand gegen die herrschenden Mächte gesucht und gefunden. John Dear ist zudem überzeugt, dass wir dabei auch Gott selbst neu entdecken: *„Wenn wir Gott in dieser Arbeit für den Frieden entdecken, vertiefen wir unsere spirituellen Wurzeln und finden neue Kraft, Gnade und Hoffnung, unser Leben lang für Gerechtigkeit und Abrüstung zu kämpfen."*

Was dieses Buch vor allem auszeichnet, ist ein Dreischritt, auf den John Dear immer und immer wieder den Leser einschwört: *„sich selbst gegenüber Gewaltfreiheit üben, allen anderen Menschen, allen Geschöpfen und der gesamten Schöpfung gegenüber Gewaltfreiheit üben und aktive Gewaltfreiheit üben, indem wir uns der globalen Basisbewegung der Gewaltfreiheit anschließen. Um Menschen der Gewaltfreiheit zu sein, müssen wir alle drei Dimensionen gleichzeitig praktizieren, denn nur in dem Fall können wir Gewaltfreiheit authentisch ausüben",*

Für John Dear verlangt das Ziel, zu einem Menschen der Gewaltfreiheit zu werden, eine Lebensreise, die im eigenen Inneren zu beginnen hat, die dort aber nicht steckenbleiben darf: *„Das gewaltfreie Leben fordert Aktionen in der Öffentlichkeit, sie sind ein moralisches und spirituelles Gebot."* Dafür wirbt er mit all seiner rhetorischen Begabung und Begeisterung.

John Dear hat Leser und Leserinnen vor Augen, die nicht alleine lesen. Nach jedem Buchteil finden sich „Fragen als Anstoß für persönliche Überlegungen und für Gespräche in Kleingruppen". Insofern ist dieses Buch gut geeignet auch für Gemeinden und Gemeinschaften, die sich, wie das in Deutschland heißt, „auf den Weg zu einer Kirche des gerechten Friedens" begeben haben.

Die Fußnoten sind im wesentlichen vom Herausgeber hinzugefügt, sie geben die nötigen bibliographischen Angaben zu den von Dear erwähnten Büchern und versuchen, soweit möglich, auch deutschen Lesern und Leserinnen einige brauchbare Hinweise zu geben. Zugriffsdatum der Internetlinks ist das Datum dieser Anmerkungen zu dieser Ausgabe. Unter „weiterführende Literatur" sind auch einige deutsche Titel aufgenommen worden (und einige englischsprachige gestrichen).

Alle Arbeit an diesem Buch wurde ehrenamtlich geleistet, sonst wäre unter den gegebenen wirtschaftlichen Bedingungen ein solches Buch nicht möglich. Herzlichen Dank dafür an Ingrid von Heiseler und Peter Bürger!

Bielefeld, den 11. Juli 2019,
am 50. Todestag von Friedrich Siegmund-Schultze

Thomas Nauerth

Wir leben in einem Zeitalter, in dem die enorme Macht und das enorme Potenzial der Gewaltfreiheit immer wieder offenbar werden.

Gewaltfreiheit wurde lange als utopisch, naiv, simpel und nicht durchführbar, ja sogar als unpatriotisch und kontraproduktiv abgelehnt, doch sie wird im Kleinen wie im Großen zunehmend angewandt, um mächtige und wirksame Veränderungen herbeizuführen. Und das keinen Augenblick zu früh.

Die katastrophalen Herausforderungen, denen wir heute gegenüberstehen: Klimawandel, weltumfassende Armut, ständiger Krieg, systematische Verletzungen der Menschenrechte und viele andere –, werden keineswegs durch noch mehr Gewalt gelöst. Wirksame Lösungen für diese katastrophalen Gefahren verlangen eine monumentale Problemlösung, die innovativ, mutig, zielgerichtet, weltumfassend und mitfühlend ist. Kurz gesagt: die Kraft aktiver und kreativer Gewaltfreiheit ist heute mehr denn je vonnöten.

Glücklicherweise leben wir in einer Zeit, in der die Kraft der Gewaltfreiheit in aller Welt immer mehr freigesetzt wird. Und wir haben doppeltes Glück, nicht nur, weil Gewaltfreiheit immer mehr verkörpert und aktiviert wird, sondern auch, weil sie auf neue und kraftvolle Weise verstanden und weitergegeben wird.

Immer mehr Schriftsteller, Künstler, Filmemacher, Theologen, Erzieher und Befürworter eines Wandels erzählen Geschichten von Gewaltfreiheit, erklären Gewaltfreiheit, lehren Gewaltfreiheit und beleuchten die Dynamiken der Gewaltfreiheit.

Einige – wie die kleine Freundesgruppe, die die Internetseite „Waging Nonviolence" gestaltet – veröffentlichen täglich Fallgeschichten von gewöhnlichen Menschen, von Menschen, die überall Gewaltfreiheit in die Tat umsetzen. Andere – wie Sharon Ellison, die „Taking the War Out of Our Words: The Powerful

Art of Non-Defensive Communication"[1] geschrieben hat, entwickeln greifbare Werkzeuge, die wir im täglichen Leben benutzen können. Und einige stellen deutlich und überzeugend dar, wie gewaltfreie Macht-von-Unten (people-power) funktioniert, zum Beispiel der Aktivist George Lakey, der sich sein Leben lang mit dem Training der Gewaltfreiheit und dem Aufbau von Bewegungen beschäftigt hat, und der wegweisende Wissenschaftler der Gewaltfreiheit Gene Sharp.[2]

Und dann gibt es die, die Verbindungen herstellen und die vielen Facetten der Gewaltfreiheit in einen umfassenden Rahmen stellen, um unser Leben und unsere Welt zu verwandeln.

John Dear ist einer von ihnen.

In diesem Buch stellt Dear eine Vision der Macht, der Bedeutung und der Folgen eines spirituell gegründeten gewaltfreien Lebens dar und lädt uns ein, diese Vision sowohl sofort als auch dauerhaft in die Praxis umzusetzen.

Dear bezieht sich in diesem Buch auf seine Lebensreise in der Nachfolge des gewaltfreien Jesus und macht sich daran, die drei fundamentalen Dimensionen der Gewaltfreiheit darzulegen: Gewaltfreiheit gegen uns selbst, Gewaltfreiheit gegen andere Geschöpfe und Gewaltfreiheit, indem wir uns der weltweiten Bewegung zur Abschaffung des Krieges, zur Beendigung der Armut, zum Aufhalten der Zerstörung der Erde und zur Förderung des Allgemeinwohls anschließen. Dear beleuchtet nicht nur jeden einzelnen dieser drei Aspekte des gewaltfreien Lebens, sondern er zeigt, dass sie unauflöslich miteinander verbunden sind: Der Pfad der Gewaltfreiheit ist sowohl persönlich als auch zwischenmenschlich als auch global und alle drei Dimensionen hängen voneinander ab.

Seit mehr als drei Jahrzehnten experimentiert Dear bewusst mit der Macht der Gewaltfreiheit in seinem persönlichen Leben und in zahllosen Bewegungen, die Veränderung anstreben. Er

---

[1] ELLISON, Sharon. Taking the War Out of Our Words: The Powerful Art of Non-Defensive Communication, Richmond: Bay Tree Publishing 2002.
[2] SHARP, Gene, The Politics of Nonviolent Action (three volumes), Boston: Porter Sargent, 1973.

hat fast dreißig Bücher über Gewaltfreiheit geschrieben und reist durch die Welt, um die Erfahrungen, die er gemacht hat, weiterzugeben: Seine Erfahrungen in aktiver Meditation über die zentrale Stellung von Jesu unbequemer und provozierender Botschaft: Liebt eure Feinde; wenn dich jemand auf deine rechte Backe schlägt, dem biete die andere auch dar; stecke dein Schwert an seinen Ort! Diese Lehren wurden in diesem Buch destilliert.

Das Buch spiegelt die Dringlichkeit der großen Entscheidung wider, vor der wir als Spezies stehen: Entscheiden wir uns dafür, eine Kultur struktureller Gewalt zu befestigen und fortzusetzen, oder bauen wir eine Kultur aktiver, kreativer und befreiender Gewaltfreiheit auf, sodass wir nicht nur überleben, sondern es uns darüber hinaus auch gut geht?

Die auf jeder Seite des Buches spürbar werdende Dringlichkeit wird durch den erzählenden Stil noch verstärkt. Dear stellt kühne Behauptungen über Gewalt und über die gewaltfreie Zukunft auf. Er nimmt kein Blatt vor den Mund. Er will unsere Aufmerksamkeit erregen und die Wirksamkeit der sorgfältig konstruierten Filter aufheben, Filter, die bewirken, dass wir gegen die allgegenwärtige Gewalt abstumpfen. Vor allem aber will er uns dazu verhelfen, einen flüchtigen Blick auf die atemberaubenden Möglichkeiten der Gewaltfreiheit und auf ein Leben zu werfen, das so geführt wird, dass diese Möglichkeiten zur Realität in unserem Dasein und in unserer Welt werden.

Die Romanautorin Flannery O'Connor[3] wurde einmal gefragt, warum sie so groteske Figuren erschaffen habe. Sie antwortete, sie habe sie so groß und lebendig gemacht, damit der Leser sie tatsächlich vor sich sehe. Ähnlich gibt Dear unverblümt und kühn Erklärungen ab, die uns dazu verhelfen sollen, das Dilemma zu sehen, in dem wir stecken, und damit wir auch die machtvollen Alternativen sehen, die uns zur Verfügung stehen.

---

[3] Auf Deutsch ist von Flannery O'CONNOR nur das Buch: *Keiner Menschenseele kann man noch trauen: Storys*; aus dem amerikanischen Englisch von Anna Leube und Dietrich Leube; mit einem Nachwort von Willi Winkler. Zürich; Hamburg: Arche 2018 erhältlich.

Aus diesem Grund ist das Wort „Gewaltfreiheit" auf so gut wie jeder Seite [mehrfach] zu finden. In diesem Buch wird direkt, schonungslos und unaufhörlich an uns alle appelliert, diese Macht zu ergründen und auszuprobieren – in unseren persönlichen Beziehungen, unseren Gemeinschaften und unseren Gesellschaften. Die Allgegenwart des Wortes „Gewaltfreiheit" erinnert an das, was Bonaventura in seinem Buch „Weg des Geistes zu Gott" (1259) über Franz von Assisi schreibt: Franziskus verkündet Frieden „am Eingange wie am Ende", „bei der Begrüßung" wünscht er Frieden, zu ihm seufzt er „bei jeder verzückten Betrachtung..." auf.[4] Für Dear ist es die Gewaltfreiheit – die aktive Verkörperung des Friedens, den Franziskus verkündete und lebte und der im unendlichen Frieden Gottes verwurzelt ist –, die seine Arbeit und sein Schreiben und auch dieses Buch durchzieht.

Eine Voraussetzung dieses Buches ist die mächtige theologische Revolution des vergangenen halben Jahrhunderts, in der die Gewaltfreiheit Jesu neu ins Licht gerückt wurde. Viele Bibelwissenschaftler und Theologen – unter ihnen Howard Thurman, André Trocmé, Bernard Häring, Thomas Merton, James W. Douglass, Daniel Berrigan, Ched Myers, Richard Horsley, Walter Wink und John Dominic Crossan – haben sorgfältig und geduldig Jesu Vision und Praxis der Gewaltfreiheit offengelegt. Dear sieht seine Aufgabe nicht darin, diese Forschungsergebnisse noch einmal darzustellen (die Leser sind eingeladen, die immer weiter anwachsende Literatur über den gewaltfreien Jesus zu lesen), sondern darin, zu erläutern, welche Konsequenzen sie heute für uns haben und wie sie uns auf unserem weiteren Weg leiten können.

Dies ist ein Weckruf, der durch eine Ankündigung verstärkt wird, die durch das ganze Buch hallt: „Die Tage der Gewalt sind vorüber." Die alten Sitten, Muster, Theologien und falschen Mythen von rettender Gewalt sind erledigt. Jedes Mal, wenn er das

---

[4] Des heiligen BONAVENTURA *Weg des Geistes zu Gott*. Übersetzt aus dem Lateinischen, Münster 1836, S. 17 (https://reader.digitale-sammlungen.de/de/fs1/object/display/bsb10744374_00005.html).

in seinem Buch verkündet, werden wir durchgeschüttelt und überrascht. Es ist eine Sinn verwirrende Ankündigung, aber sie ist so überzeugend und deutlich, dass sie uns aufmerken lässt: Wir sind gefordert, sie zu bestätigen, sie ernst zu nehmen und dann – was noch schwieriger ist – etwas in der Sache zu tun. Können wir die Gewalt beenden? In unserem Leben? In unseren Beziehungen? In unserer Welt? Was Dear schreibt, ist sowohl beängstigend als auch tief hoffnungsvoll, denn wenn die Tage der Gewalt vorüber sind, bedeutet das, dass die Tage der entschiedenen Gewaltfreiheit endlich anbrechen.

Allerdings warnt Dear: Wir könnten diese Gelegenheit verpassen. Immer wieder kommt in dem Buch der Satz vor: „Das Leben ist kurz." Das bedeutet, dass wir keine Zeit zu verlieren haben. Kein Augenblick darf verschwendet werden. Unsere Chance kann an uns vorübergehen. Deshalb werden wir aufgerufen, auf diesen entscheidenden Ruf in diesem geschichtlichen Augenblick zu reagieren, indem wir die Revolution der Gewaltfreiheit vorwärts bringen und die Zeit nutzen, die uns noch bleibt.

Dear hat dieses Buch geschrieben, damit wir es lesen und darüber nachdenken, und um sowohl Gespräche als auch Aktionen anzustoßen. Am Ende jedes der drei Teile des Buches nennt er einige Fragen, über die die Teilnehmer von Arbeitsgruppen, Gebetsgruppen, Lesegruppen und allen Bewegungen gemeinsam nachdenken können.

Mit diesem Buch lädt John Dear uns dazu ein, einerseits seine eindringliche Diagnose des Unheils, das über uns hereinzubrechen droht, und andererseits sein dramatisches und gefühlvolles Rezept zur Heilung unseres Lebens und unseres Planeten genau zu bedenken. Gemeinsam können wir mit dem gewaltfreien Leben experimentieren, es verkörpern und es intensiv leben.

Ken Butigan

Gebet um ein gewaltfreies Leben

Gott des Friedens, ich danke dir dass du freundlich, liebevoll, barmherzig und gewaltfrei bist! Du bist so gewaltfrei, dass du dich uns nicht aufzwingst, sondern uns sanft zu Weisheit und Weg deiner Gewaltfreiheit berufst. Du gibst uns die Freiheit, so zu handeln, wie wir wollen. Hilf uns, deinen Friedenswillen zu tun und uns für deinen Weg der Gewaltfreiheit zu entscheiden. Hilf uns, ein gewaltfreies Leben zu führen, dein heiliges Volk der Gewaltfreiheit zu werden und dein Reich des Friedens und der Gewaltfreiheit hier auf Erden willkommen zu heißen.

Hilf mir, auch mir selbst gegenüber gewaltfrei zu sein. Schenke mir die Gnade, die Gewalt loszulassen und mich zu lieben und zu akzeptieren, gewaltfrei mit mir umzugehen, in meinem Innern Frieden zu entwickeln und in deinem Frieden zu wohnen. Sende mir deinen Heiligen Geist des Friedens, damit ich in Beziehung mit dir als dein geliebtes Kind leben möge, damit ich deine Liebe und deinen heilenden Frieden erkennen möge, dich wiederliebe und dadurch ehre, dass ich auf mich achte und mein Leben lang gewaltfrei mit mir umgehen werde.

Hilf mir, liebende Gewaltfreiheit gegen jeden zu üben, den ich kenne und der mir begegnet, hilf mir, meinen Nächsten zu lieben wie mich selbst und nie wieder jemanden zu verletzen. Hilf mir, mich allen Geschöpfen und der gesamten Schöpfung gegenüber gewaltfrei zu verhalten, damit ich deinen Frieden überall, unter allen fühlenden Lebewesen und in deiner ganzen schönen Schöpfung, verbreite. Schenke mir ein Herz, das so weit ist wie die Welt, damit ich alle Menschen in der Welt lieben kann, auch die, die von meiner Nation als „Feinde" ins Visier genommen werden. Öffne mir das Herz, damit ich alle Menschen als meine Geschwister lieben und von nun an deine weltumfassende gewaltfreie Liebe üben kann.

Hilf mir, deinem Friedensreich zu dienen, indem ich mich der globalen Basisbewegung der Gewaltfreiheit anschließe. Mache mich zu einem Werkzeug deines Friedens, damit ich meinen Teil dazu beitrage, Krieg, Armut, Hunger, Rassismus, Sexismus, Hinrichtungen, Kernwaffen, strukturellen Ungerechtigkeiten und Umweltzerstörung ein Ende zu bereiten und dein gewaltfreies Friedensreich, in dem Gerechtigkeit herrscht, hier auf Erden willkommen zu heißen. Segne die Basisbewegung der Gewaltfreiheit mit deiner Weisheit, deiner Entschlossenheit und deinem ausdauernden Handeln, damit wir zusehen, „das Recht strömt wie Wasser", und damit wir die neuen Durchbrüche der Gerechtigkeit und des Friedens tagtäglich begrüßen.

Wenn ich dem gewaltfreien Jesus auf dem Weg des Friedens und der Liebe folge, hilf mir, mein wahres Wesen als dein geliebtes Kind zu erkennen, damit ich immer in deinem Frieden und deiner Liebe lebe und deinem Reich des Friedens und der Liebe jetzt und immerdar dienen möge

Ich danke dir.

Amen.

Einführung

Es war eine typische Woche in unserer Welt der Gewalt: Dutzende Tote bei Explosionen im Irak, US-Drohnen-Angriffe in Afghanistan, die fortgesetzte, von den USA unterstützte Besetzung Palästinas, die Zwangsernährung von Gefangenen der USA in Guantanamo, die Durchsicht der Tötungsliste durch den Präsidenten der USA, das Verhungern von Millionen Kinder in aller Welt, fortgesetzte Vorbereitungen für einen Atomkrieg, fortdauernde Ausbeutung der Erde und ihrer Geschöpfe, mehr als tausend tote Näherinnen bei dem Zusammenbruch einer baufälligen Fabrik in Bangladesch, Schießereien in verschiedenen Städten, fünfzehn Tote bei einer Explosion in einer Fabrik in Texas – und die Sprengstoffanschläge beim Boston-Marathon.

Am Montag, dem 15. April 2013 brachten zwei junge Männer, Brüder, starke selbst gebastelte Bomben in der Nähe der Ziellinie des Boston-Marathons zur Explosion, durch die drei Menschen getötet und 260 verletzt wurden. Die Nation war im Schock, ebenso wie sie es einige Monate zuvor, am 14. Dezember 2012, gewesen war, als zwanzig Schulkinder und sechs Erwachsene in der Sandy-Hook-Grundschule in Connecticut getötet wurden, und zuvor am 20. Juli 2012, als zwölf Kinogänger in Aurora, Colorado, getötet und siebzig verletzt wurden, und zuvor am 16. April 2007, als zweiunddreißig Menschen an der Virginia Tech getötet und siebzehn verletzt worden waren.

Während der gesamten eingehenden Berichterstattung in den Medien über die Sprengstoffanschläge beim Boston-Marathon trauerten die Menschen und gaben ihrer Empörung Ausdruck. Währenddessen setzten die USA das Töten von Tausenden von Menschen in Afghanistan, Irak, Libyen, Pakistan, Jemen und anderswo fort.

Einer, der in der Nähe der Ziellinie des Boston-Marathons getötet wurde, war der achtjährige Martin Richard aus Dorchester,

Massachusetts. Er war mit seiner Familie gekommen, um zuzusehen, wie sein Vater das Ziel erreichen würde. Martin kam bei der Explosion sofort ums Leben, seine Mutter und seine Schwester wurden schwer verletzt.

Am nächsten Tag veröffentlichten Freunde ein Foto, auf dem Martin zu sehen war, wie er lächelnd in seiner Klasse stand. Er hielt ein selbstgemachtes Schild mit zwei roten Herzen und einem Friedenszeichen hoch. Auf dem Schild stand: „Nie mehr Menschen verletzten. Frieden". Er hatte das Schild in der Schule gemalt. Es war eine Reaktion auf die Erschießung des siebzehnjährigen Trayvon Martin in Florida kurz zuvor. Er wollte, dass die Gewalt aufhört.

Nie mehr Menschen verletzen! Frieden!

Als ich dieses Foto sah, dachte ich: Dies ist die Stimme Gottes, die zu uns allen spricht. Es ist der Schrei der Kinder der Welt. Es ist die Botschaft Jesu und Buddhas, Franziskus' und Gandhis, Dorothy Days und Rosa Parks', die über die Zeiten hinweg bis zu uns weitergegeben wurde.

Dieser Ruf nach Frieden sollte unsere Leitlinie, unser Mantra, die Weisheit unserer Gemeinschaften, unsere Erkennungsmelodie, unser einziger Tagungsordnungspunkt, unser Ziel, unsere Staatsraison, unsere neue Quintessenz sein. Er sollte von jetzt an die Grundlage einer neuen Außenpolitik, einer jeden Religion und aller Politik überhaupt sein.

Das Foto des kleinen Martin hätten das Time Magazine und die New York Times auf ihren Titelseiten bringen sollen, aber es wurde von den Mainstream-Medien sicherlich darum abgelehnt, weil es letzten Endes zu ernst und zu stark in seiner Wirkung war. Es ging unserer Regierung und ihrem Militär, ihren Kriegen und ihrer gewalttätigen Politik, die so viele verletzen, gegen den Strich. Für die Medien gilt: Gewalt verkauft sich. Frieden nicht. Wir dürfen die Menschen nicht mit dem Foto eines toten Kindes, das Frieden fordert, aufwühlen. Sie könnten es sich womöglich zu Herzen nehmen und etwas unternehmen!

Ich denke, Martin Richard war gescheiter als alle Experten, Politiker, die, die Kriege führen, und ihre ideologischen und geistlichen Berater zusammen. Seine Weisheit und seine Botschaft stehen im Zentrum von Wahrheit und Wirklichkeit. „Einander verletzen führt zu nichts", höre ich ihn sagen. „Wir ernten, was wir säen. Gewalt als Reaktion auf Gewalt führt zu immer mehr Gewalt. Alle Gewalt ist Terrorismus. Krieg führt niemals zum Frieden. Wer vom Schwert lebt, wird durch das Schwert sterben. Den Einsatz von Atombomben vorbereiten ist die ultimative Form von Terrorismus. Wir sollten unsere terroristische Kriegsführung einstellen. Wir müssen das Töten beenden, das Bombardieren beenden, das Verhungern beenden und all das ungerechte Sterben beenden. Die Tage, in denen andere verletzt werden durften, sind vorüber. Lasst uns alle in Frieden leben."

Leben mit der Gewalt

Wenn es nicht so traurig wäre, wäre es komisch, dass unsere US-Politiker und Experten fragen: „Warum nur tut uns jemand so etwas an?" Als Volk sind wir gegenüber dem Terrorismus, den wir Amerikaner den Kindern dieser Welt antun, blind und naiv – ebenso gegenüber den Vorbereitungen für den Terrorismus, den unsere Drohnen und Atomwaffen anrichten sollen. Diese tödlichen Vorbereitungen bleiben nicht unbemerkt. Wir bringen damit Millionen Menschen dazu, uns zu hassen. Es ist nahezu unvermeidlich, dass einige von ihnen vor Hass durchdrehen und uns dann mit Selbstmordterrorismus angreifen.

Als ich 2012 in Afghanistan war, habe ich viele Geschichten von Menschen gehört, deren Angehörige von Drohnen und Jagdbombern getötet worden waren. Angesichts derartiger amerikanischer Luftangriffe wären wir wohl alle in Versuchung, uns den Taliban anzuschließen. Die Frage ist nicht: „Warum nur tut uns jemand so etwas an?", sondern eher: „Warum hassen uns nicht alle Menschen in der Welt und wollen uns töten?" Das ist die Hinterlassenschaft von Jahrzehnten voller Krieg, Bombardements, terroristischer Angriffe und nuklearer Bedrohungen.

Seit Jahrzehnten bombardieren und töten die USA Kinder in der ganzen Welt – von Vietnam und Nikaragua bis El Salvador und Kolumbien, Irak und Afghanistan, Jemen und Pakistan. Diese globale Gewaltorgie, die wir in der ganzen Welt feiern, wird unvermeidlich zu uns zurückkehren. So funktioniert Gewalt nun einmal. Sie ist eine unendliche Abwärtsspirale, die allen den Tod bringt. Sie wendet sich immer zu denen zurück, die sie zuvor ausgeübt haben. Der Politikwissenschaftler Chalmers Johnson dokumentiert in seinem Buch „Ein Imperium verfällt. Wann endet das Amerikanische Jahrhundert?" sorgfältig, wie die von der US-Regierung begangenen Gewalttaten gewalttätige Vergeltung hervorrufen.[1] Und immer noch geben wir weiterhin Milliarden für Kriegsführung und für den Bau von Atomwaffen aus und verhalten uns so, als wäre das Töten von Menschen normal und vernünftig. Ein großer Teil unserer Gesellschaft, darunter die Kirchen, schweigt zu dieser Kultur beständiger Kriege.

Wenn wir hier zu Hause keine Bombenangriffe mehr haben wollen, müssen wir damit aufhören, Menschen im Ausland zu bombardieren, und für uns eine Möglichkeit herausfinden, mit allen Menschen auf dem Planeten in Frieden zu leben.

Wenn wir Amerikaner unsere typisch amerikanische Gewaltanwendung und Kriegsführung rechtfertigen können, warum sollten sich dann nicht Millionen unserer Opfer ebenso zu Gewalthandlungen gegen uns berechtigt fühlen? Das ist der uralte Grundsatz: „Auge um Auge und Zahn um Zahn". Dazu sagte Gandhi: „Auge um Auge – und die ganze Welt wird blind sein." Wir werden ohne Zähne, ohne Arme und ohne Beine und vielleicht einfach ganz und gar tot sein.

Das ist der Lauf der Dinge und die Zwickmühle, in der wir uns in dieser Zeit alle befinden. Die Welt totaler Gewalt: 30 Kriege, eine Milliarde Hungernder, 3 Milliarden Menschen, die in Armut leben, 20.000 Atomwaffen in Bereitschaft, die Gier der

---

[1] JOHNSON, Chalmers A., Blowback: The Costs and Consequences of American Empire, New York: Metropolitan Books, 2000. *deutsch*: Ein Imperium verfällt. Wann endet das Amerikanische Jahrhundert? Aus dem Englischen von Thomas Pfeiffer, München: Blessing 2000.

Konzerne, die die Armen der Welt dezimieren, und die Katastrophe des Klimawandels, die uns alle bedroht. Diese Welt ständiger Kriege, voller Gier und Zerstörung ist normal, Routine und legal geworden. Wir haben uns daran gewöhnt. Gewalt ist überall und im Allgemeinen kommen wir zu dem Schluss, dass wir nichts dagegen tun könnten.

Wir halten Gewehre, Drohnen, Bomben und Atomwaffen für „notwendige" Übel. Vom Fortschreiten in Richtung einer friedlicheren Welt ist nicht einmal die Rede. Gewalt am Morgen, Mittag und Abend. Sie umgibt uns, überwältigt uns, frisst an uns und verzehrt uns. Sie ist tatsächlich eine Seuche geworden, die alle ergreift, ein Virus, das ansteckt, sich ausbreitet und tötet.

Wenn wir von einem neuen „gewaltfreien Leben" für uns selbst sprechen wollen, müssen wir zuallererst begreifen, was für ein Leben wir gegenwärtig führen: unser „Leben voller Gewalt".

Wir sind gewalttätig. Unsere Gewalttätigkeit hat uns egoistisch, narzisstisch, ängstlich, unklug und elend werden lassen. Wir verletzen einander, töten einander, ignorieren den Tod von Millionen und tun nichts, um die Ausbreitung der Seuche Gewalt aufzuhalten. Gewalt ist für uns eine Lebensweise. Oder besser: ein Todesweise, die sich als Lebensweise maskiert.

Die Zeit ist gekommen, Gewalt als Lebensweise zu beenden, denn sie bringt nichts als den Tod. Sie funktioniert nicht, sie macht uns nicht glücklich, sie führt zu keinerlei Fortschritt, sondern nur zu weiterer Gewalt und zum Tod.

Die Zeit zum Umlernen ist gekommen: Wir müssen Gewaltausübung verlernen und die Ausübung von Gewaltfreiheit erlernen. Ebenso wie der Alkoholiker sich entschließen kann, das Trinken aufzugeben und nüchtern zu werden, können Menschen der Gewalt auf Gewalt verzichten und nüchterne Menschen der Gewaltfreiheit werden. Das ist möglich. Da wir uns dem Abgrund globaler Zerstörung nähern, ist es in der Tat die einzig geistig gesunde, vernünftige und intelligente Entscheidung, die wir treffen können.

In diesem Buch plädiere ich dafür, dass wir Gewalt als Lebensweise ablehnen und uns bewusst für ein Leben der Gewaltfreiheit entscheiden, dass wir Gewaltfreiheit üben und andere lehren und dass wir unseren Teil dazu beitragen, eine globale Basisbewegung der Gewaltfreiheit aufzubauen. Das ist unsere einzige Alternative angesichts der von uns begangenen Gewalttaten, der globalen Krankheit und des allgemeinen Wahnsinns. Wir müssen für engagierte Gewaltfreiheit, globale Heilung und allgemeine geistige Gesundheit wirken.

Die Wende von der Gewalt zur Gewaltfreiheit

In den Monaten nach den Sprengstoffanschlägen beim Boston-Marathon beschäftigte ich mich mit dem Zeichen, das Martin Richards gesetzt hatte. Es half mir beim Trauern und gab mir Hoffnung. Sein Zeichen weist uns in die richtige Richtung der Gewaltfreiheit hin zu einer neuen Welt des Friedens. Martin macht deutlich: Gewaltfreiheit ist das einzige Heilmittel gegen den Wahnsinn des globalen Terrorismus, des endlosen Krieges und gegen die Epidemie der Gewalt, denen wir verfallen sind.

Martin gibt der großen Frage Ausdruck, die das Leben selbst an uns stellt: Wie können wir dazu beitragen, dass über uns, andere Menschen, alle übrigen Geschöpfe und die gesamte Schöpfung nicht weiterhin Gewalt und Tod verhängt werden?

Zuallererst müssen wir unser eigenes Leben untersuchen und uns fragen: Wie fördern wir Gewalt in unserem Innern? Wie verletzen wir uns selbst, wie gewalttätig gehen wir mit uns selbst um, wie nähren wir Gewalt in unserem Innern, wie unterstützen wir persönlich die Krankheit Gewalt in unserem persönlichen Leben? Was müssen wir tun, um unsere Zusammenarbeit mit unserer eigenen Gewalttätigkeit zu beenden, und wie können wir beginnen, innere und persönliche Gewaltfreiheit zu fördern?

Als Nächstes müssen wir fragen: Wen haben wir in der Vergangenheit verletzt und wen verletzen wir jetzt? Wie können wir damit aufhören, andere zu verletzen? Wenn wir herausgefunden haben, dass wir Menschen verletzen, wollen wir sofort damit aufhören, wir wollen uns bei ihnen entschuldigen und zu ihrer

Heilung beitragen. Und dann können wir uns selbst fragen: Wie können wir von nun an jedem Menschen gegenüber gewaltfrei sein?

Dann müssen wir die Gemeinschaften, zu denen wir gehören, und die Orte, an denen wir leben, untersuchen und ebenso fragen: Wen verletzen wir gemeinsam und wie können wir damit aufhören, andere zu verletzen? In der Schule, in unserer religiösen Gemeinschaft, an unserem Arbeitsplatz, in unseren Wohngemeinden – wie unterstützen wir persönlich die kollektive Gewalt, die einige auf andere ausüben, und was können wir tun, um diese Gewalt zu beenden?

Schließlich können wir fragen: Wer sind die Menschen, die wir als Nation verletzen, und wie können wir unsere Nation daran hindern, andere Nationen zu verletzen? Für Amerikaner ist die Liste lang. Wenn wir dieses Kind des Friedens ernst nehmen, müssen wir sofort alle Soldaten aus Afghanistan zurückholen. Wir müssen den Menschen Afghanistans und des Iraks Reparationen zahlen, wir müssen unser Drohnen-Programm beenden, Guantanamo schließen, strenge Gesetze gegen Waffenbesitz durchsetzen, die Todesstrafe abschaffen, unsere Atomwaffen, Trident-U-Boote und Jagdflieger abrüsten, die Hungernden in der Welt ernähren, die Welt zum Frieden erziehen und gewaltfreie Konfliktlösungsprogramme in aller Welt finanzieren, damit sich die Menschen überall die verwandelnde Kraft aktiver Gewaltfreiheit zunutze machen und eine gerechtere, friedliche Welt willkommen heißen können.

Die Vision der Gewaltfreiheit ist kein Luftschloss. Sie ist die Botschaft aller spirituellen Traditionen und aller Friedensstifter. Sie ist die Botschaft von Mahatma Gandhi, Dr. Martin Luther King, Dorothy Day, Rabbi Abraham Heschel, Abdul Ghaffar Khan, Adolfo Perez Esquivel, Mairead Maguire, Erzbischof Oscar Romero, Muriel Lester, Papst Johannes XXIII, Leymah Gbowee, Aung San Sui Kyi, Daniel Berrigan, Rosa Parks, Rigoberta Menchu, Erzbischof Desmond Tutu, Thich Nhat Hanh und dem Dalai Lama. Und ganz gewiss die Botschaft des gewaltfreien Jesus, der uns dazu aufruft: „Liebt eure Feinde!" Martin

Richard hat nichts weiter getan, als sich mit seinen Hoffnungen den Zielen unserer größten Friedensstifter anzuschließen.

Diese Meister des Friedens vertreten die Rechte von Kindern gegenüber den Interessen aller Nationen, Konzerne und Militärs, besonders das Recht eines jeden Kindes, nicht Opfer der Gewalt von Armut und Krieg zu werden. Eine dementsprechende Außenpolitik verlangt, dass kein Kind jemals mehr verletzt wird. Es gibt nichts, was den Tod auch nur eines einzigen Kindes wert wäre. Kinder werden durch Armut, Hunger, Krieg, Atomwaffen, Umweltzerstörung und andere Gewalttaten verletzt und deshalb müssen wir von jetzt an das Ziel verfolgen, all das abzuschaffen.

Krieg und Waffen ist es nicht gelungen, eine Welt des Friedens zu schaffen. Dort aber, wo kreative Gewaltfreiheit eingesetzt wurde, hat sie funktioniert. Das ist jetzt geschichtlich erwiesen. Wenn wir drei Trillionen nicht für Krieg und Waffen, sondern für Mittel des Friedens ausgeben – z. B. gewaltfreie zivile Verteidigungssysteme, gewaltfreie internationale Friedensteams, gewaltfreie Interventionen, Diplomatie, Dialog und gewaltfreie Reaktionen auf Terrorismus –, können die Menschen in Frieden leben. Wenn wir unsere eigenen terroristischen Angriffe beendeten – wie z. B. unsere Drohnenangriffe auf verarmte Dörfer – und die globale Nahrungs- und Trinkwasserversorgung, kostenlose weltweite Gesundheitsversorgung, Sozialwohnungen und Schulen finanzierten, könnten wir nicht nur die Welt für uns gewinnen und dem Terrorismus ein Ende setzen, sondern wir könnten auch Krieg und Armut abschaffen. Wir würden damit die Welt für Kinder sicherer machen und wir würden uns auf den neuen Weg weltumfassender Liebe und wirtschaftlicher Gerechtigkeit begeben.

„Die Menschheit muss dem Krieg ein Ende setzen oder der Krieg wird der Menschheit ein Ende setzen", sagte Dr. King in der National Cathedral einige Tage, bevor ihn die US-Regierung tötete. „Wir haben nicht mehr die Wahl zwischen Gewalt und Gewaltfreiheit, meine Freunde", sagte er. „Entweder Gewaltfreiheit oder Nichtexistenz. Die Alternative zur Abrüstung, die Alternative zum Aussetzen von Atomversuchen, die Alternative zur Stärkung der Vereinten Nationen und damit der Abrüstung der ganzen Welt kann durchaus ein Inferno sein, das sich nicht einmal Dante hätte vorstellen können."

„Die Menschheit kann nur durch Gewaltfreiheit aus der Gewalt herauskommen", schrieb Gandhi. „Hass kann nur von Liebe überwunden werden. Gegenhass vergrößert nur die Ausbreitung und die Tiefe des Hasses. Wir dürfen uns nicht damit zufrieden geben, Wahrheit und Gewaltfreiheit zur Sache des Einzelnen zu machen, sondern wir müssen sie zur Angelegenheit von Gruppen und Gemeinschaften und Nationen machen. Jedenfalls ist das mein Traum."

Martin Richard, Martin King, Mahatma Gandhi und allen Opfern der Gewalt zuliebe müssen wir den Traum von Gewaltfreiheit zu verwirklichen suchen und wir müssen uns damit einverstanden erklären, andere nicht zu verletzen. Stattdessen müssen wir daran arbeiten, dass jede Politik, alle Strukturen, Institutionen und Systeme enden, die – überall – Menschen verletzen. Das bedeutet, dass wir alle unser gewalttätiges Verhalten aufgeben und Menschen der kreativen Gewaltfreiheit werden. Wir müssen uns als Aktivisten, Organisatoren und Fußsoldaten an der globalen Basisbewegung der Gewaltfreiheit beteiligen, damit die Kinder der Welt eines Tages in Frieden leben können.

Die drei Dimensionen des gewaltfreien Lebens

Wie können wir Menschen der Gewaltfreiheit werden und dazu beitragen, dass die Welt gewaltfreier wird? Was bedeutet es, ein Mensch aktiver Gewaltfreiheit zu sein? Wie können wir dazu beitragen, eine globale Basisbewegung der Gewaltfreiheit aufzubauen, um die Welt abzurüsten, die Ungerechtigkeit menschlichen Leidens zu verringern, eine gerechtere Gesellschaft zu schaffen und die Schöpfung und alle Geschöpfe zu schützen? Was ist ein gewaltfreies Leben?

In diesem Buch stelle ich eine einfache Vision der Gewaltfreiheit vor, die wir alle anstreben können. Ich schlage vor, drei Dimensionen der Gewaltfreiheit zu unterscheiden: sich selbst gegenüber Gewaltfreiheit üben, allen anderen Menschen, allen Geschöpfen und der gesamten Schöpfung gegenüber Gewaltfreiheit üben und aktive Gewaltfreiheit üben, indem wir uns der globalen Basisbewegung der Gewaltfreiheit anschließen. Um Menschen der Gewaltfreiheit zu sein, müssen wir alle drei Dimensionen gleichzeitig praktizieren, denn nur in dem Fall können wir Gewaltfreiheit authentisch ausüben.

Viele von uns üben eine oder vielleicht zwei dieser drei Dimensionen der Gewaltfreiheit aus. Wir können uns selbst und anderen gegenüber gewaltfrei sein, aber wir gehören nicht zur globalen Bewegung der Gewaltfreiheit. Oder wir können engagierte Aktivsten sein, die sich an Bewegungen für Gerechtigkeit und Frieden beteiligen, und dabei von Selbsthass erfüllt oder gemein zu denen sein, die um uns herum sind.

Das gewaltfreie Leben in seiner ganzen Fülle verlangt, dass wir alle drei Dimensionen gleichzeitig praktizieren. Es ist wie das Spannen eines Drahtseils oder das Jonglieren mit drei Bowlingkugeln oder dem Gehen auf dem Wasser. Wir sind zu einer neuartigen zentrierten Achtsamkeit berufen, in der wir bewusst innere und äußere Gewaltfreiheit praktizieren, in der wir Gewaltfreiheit in unserem Privatleben üben und mit kreativer Gewaltfreiheit auch öffentlich und aktiv in den Bewegungen für Abrüstung, Gerechtigkeit und Frieden arbeiten. Es bedeutet, dass wir trotz unserer eigenen Gewöhnlichkeit neue Gandhis, Kings und Dorothy Days werden.

Das ist die Einladung des gewaltfreien Lebens: mit uns selbst gewaltfrei umgehen, uns allen anderen gegenüber gewaltfrei verhalten und zu der globalen Bewegung der Gewaltfreiheit gehören, die sich allmählich auf die ganze Welt erstreckt. In einer so umfassenden Vision geht es nicht um Vollkommenheit. Tatsächlich werden wir niemals vollkommen gewaltfrei werden. Ebenso wenig können wir Gewaltfreiheit über Nacht erreichen, sondern wir sind auf einer unaufhörlichen Reise in Richtung der Fülle des Lebens, auf der jeder Schritt friedlich und jedes Ergebnis heilsam und verwandelnd sein kann.

Ein gewaltfreies Leben führen

Die nahtlose Integration dieser drei Dimensionen der Gewaltfreiheit in unser Leben verlangt unerschütterliches Engagement,
achtsame Aufmerksamkeit und stille Geduld. Wir müssen uns in
Methoden und Praktiken der Gewaltfreiheit üben, um die heilige, ganzheitliche Kraft der Gewaltfreiheit in allen Teilen unseres
individuellen, zwischenmenschlichen und globalen Lebens frei-
zusetzen. Wenn wir das tun, werden wir wie Dr. King eine friedliche Lebensweise entdecken und eine friedliche Weise, mit der
Welt umzugehen. „Ich nehme mir vor, an Gewaltfreiheit festzu-
halten", sagte er, kurz bevor er starb, „weil ich herausgefunden
habe, dass sie eine Lebensphilosophie ist, die nicht nur mein
Verhalten im Kampf um Rassengerechtigkeit, sondern auch meinen Umgang mit Menschen und mit mir selbst bestimmt."

Wenn wir neue Schritte im gewaltfreien Leben machen, werden wir zu unserer Verwunderung entdecken, wie wir friedlicher sein können und was es bedeutet, ein Mensch zu sein.

Ich glaube, dass wir dazu geschaffen sind, gewaltfrei zu sein,
dass die ganze Menschheitsfamilie von dem Gott des Friedens
dazu bestimmt ist, Gewaltfreiheit zu leben und auszuüben. Die
verfassten Religionen, Schulen und Universitäten und die Regie-
rungen der Welt sollten deshalb die Weisheit der Gewaltfreiheit
lehren, ausüben und weitergeben. Da wir uns den Kräften und
Systemen der Gewalt übergeben haben, müssen wir uns selbst
beibringen, gewaltfrei zu sein, und wir müssen uns persönlich
bei der Schaffung von Basisbewegungen der Gewaltfreiheit engagieren, wenn die Welt überleben soll.

Darüber hinaus ist Gewaltfreiheit das, worum es im spirituellen Leben geht. Wir erfahren: Gott ist ein Gott der Gewaltfreiheit.
Ein gottgefälliges Leben ist also ein gewaltfreies Leben. Wir alle
sind auf der Reise zum liebenden, gewaltfreien Gott. Auf dem
Weg zu ihm entdecken wir den Gott der Gewaltfreiheit in uns
und unter uns. Auf dieser lebenslangen Pilgerreise verlassen wir
uns schließlich auf den lebendigen Gott der Gewaltfreiheit und
des Friedens und sagen uns von den falschen Göttern der Gewalt

und des Krieges los. Der Gott des Friedens wird zum Mittelpunkt unseres Lebens und wir streben danach, dem Gott des Friedens als Werkzeuge von Gottes Frieden zu dienen.

Das ist unsere große Aufgabe.
Das ist Sinn und Zweck des Lebens.

Mit diesem Buch lade ich euch ein, euer eigenes Leben auf Gewaltfreiheit hin zu überprüfen. Wann habt ihr begonnen, euch aus der Kultur der Gewalt und des Krieges in das neue Leben von Gewaltfreiheit und Frieden zu begeben? An welcher Stelle der Straße zum Frieden seid ihr, wenn wir vom Pfad der Gewalt und des Krieges auf den Weg des Friedens und der Gewaltfreiheit umkehren? Inwiefern seid ihr gewalttätig und wie könnt ihr immer gewaltfreier werden? Was können wir tun, um andere dabei zu unterstützen, gewaltfrei zu werden? Wie können wir auf eine neue Welt der Gewaltfreiheit hinarbeiten? Wie beeinflusst Gewaltfreiheit unser Verständnis vom spirituellen Leben, von Theologie, von verfasster Religion, Bildung, Wirtschaft, Politik, Selbstverteidigung, nationaler Verteidigung, globaler Verteidigung und von unserer Menschlichkeit? Wie können wir zu Friedensstiftern werden, zu Menschen, die um sich herum Frieden schaffen? Was können wir in der Zeit, die uns auf der Erde noch bleibt, tun, um Krieg, Armut, Hunger, Kleinwaffen, Atomwaffen, Umweltzerstörung und die Systeme und Strukturen der Gewalt abzuschaffen?

In anderen Worten: Wie können wir liebevolle Menschen der aktiven Gewaltfreiheit werden, die von jetzt an Tag für Tag den Samen der Gewaltfreiheit legen, der eines Tages eine neue Ernte des Friedens für die Menschheit bringen wird? Wie können wir dem Gott des Friedens dienen und zu wahrhaften Werkzeugen von Gottes Frieden werden?

Das sind große Fragen. Sie fordern, dass wir aufwachen, den Fernseher ausschalten, in Gang kommen, uns neu im Heiligen Geist des Friedens zentrieren und uns der globalen Bewegung der Gewaltfreiheit für eine neue Welt des Friedens anschließen. Nichts ist wichtiger als das.

Dieses Buch sollte man hintereinander weg lesen. Ich bin der Ansicht, dass das Leben der Gewaltfreiheit drei Dimensionen hat: Gewaltfreiheit sich selbst gegenüber, Gewaltfreiheit gegenüber allen anderen und die Teilnahme an der globalen Basisbewegung der Gewaltfreiheit. Deshalb habe ich das Buch in drei Teile unterteilt, in denen jede der drei Dimensionen einzeln behandelt wird. Nur wenn alle drei Dimensionen des gewaltfreien Lebens bedacht werden, erschließt sich der Sinn des Buches.

Wenn ihr zum Beispiel nur den ersten Teil lest, dann entgeht euch das, worauf es mir mit dem Buch ankommt. Wir müssen alle drei Teile zusammenhalten und zusammen erwägen, damit wir neue Einsichten in die Fülle des Lebens der Gewaltfreiheit gewinnen können.

Das Buch ist in seinen drei Teilen einfach eine Entfaltung des „Gebetes um ein gewaltfreies Leben", das am Anfang dieses Buches steht.

Ich lade euch dazu ein, dieses Buch bedächtig zum Beten und zur Meditation zu gebrauchen. Es kann euch dabei helfen, eure eigene persönliche Reise der Gewaltfreiheit und euer Engagement bei der öffentlichen Arbeit für Frieden und Gerechtigkeit zu intensivieren. Dann lade ich euch dazu ein, größere Mengen des Buches zu bestellen und an Lehrer, Pastoren, Priester, Politiker, Verwandte, Kinder, Aktivisten, Freunde, Nachbarn und Feinde zu verteilen, damit auch andere anfangen mögen, ein gewaltfreies Leben zu führen, damit wir gemeinsam Weg und Weisheit der Gewaltfreiheit überall verbreiten in der Hoffnung, dass eines Tages eine neue Welt der Gewaltfreiheit zur Wirklichkeit wird.

Möge der Gott des Friedens uns mit der Weisheit und der Praxis der Gewaltfreiheit segnen, damit wir zu Menschen einer liebevollen aktiven Gewaltfreiheit werden, die Gottes gewaltfreies Reich des Friedens auf Erden willkommen heißen!

Santa Fe, New Mexico, Juli 2013

John Dear

Erster Teil

Gewaltfreiheit gegen uns selbst

Gewaltfreiheit ist die größte und aktivste Kraft in der Welt. Ein Mensch, der in seinem Leben Gewaltfreiheit ausdrücken kann, übt eine Kraft aus, die allen Kräften der Brutalität überlegen ist. Mein Optimismus gründet sich auf meinen Glauben an die unendlichen Möglichkeiten des Einzelnen, Gewaltfreiheit zu entwickeln. Je mehr jemand sie in seinem eigenen Wesen entwickelt, umso ansteckender wird sie, bis sie ihre Umgebung überwältigt; nach und nach kann sie die ganze Welt überschwemmen.

GANDHI

Eure Gewaltfreiheit muss in eurem Reden, eurem Handeln und in eurem allgemeinen Verhalten durchscheinen. Ein Jünger der Gewaltfreiheit muss sich in die Gewohnheit unermüdlicher mühevoller Arbeit, schlafloser Wachsamkeit und unaufhörlicher Selbstbeherrschung einüben.

GANDHI

Gewaltfreiheit ist keine Kleidung, die man nach Belieben an- oder auszieht. Ihr Wohnsitz ist im Herzen und sie muss unzertrennlich ein Teil unseres Wesens sein.

GANDHI

Hingabe an Gewaltfreiheit ist der Ausdruck des höchsten Bewusstseinszustandes der Menschheit.

GANDHI

Ich denke, Gewaltfreiheit ist eine sehr natürliche Art und Weise, etwas zu tun, und Gewalt ist etwas höchst Unnatürliches.

CESAR CHAVEZ

1. UNS BEWUSST MACHEN,
WER WIR BEREITS SIND

Ein Mensch der Gewaltfreiheit sein bedeutet zuallererst, gewaltfrei gegen sich selbst zu sein. Aber heutzutage verletzen wir uns durch das Trommelfeuer an Gewalt, das von unserer Kultur ausgeht, oft selbst, ohne es zu merken. Deshalb beginnt die Reise zur Gewaltfreiheit damit, dass wir in unser Inneres blicken, die Gewalt dort und ihre Ursachen untersuchen und uns dazu entschließen, gewaltfreier gegen uns selbst zu sein, damit wir dann wissen, wie wir gewaltfreier gegen andere sein können.

Aber was bedeutet es, gewaltfrei zu sein? Gewaltfreiheit kommt vom Wort ahimsa अहिंसा in Sanskrit und Hindi und wurde vor langer Zeit so definiert: „Keinem Lebewesen Schaden, Verletzung, Gewalt zufügen". Mohandas Gandhi bestand jedoch darauf, es bedeute viel mehr als das. Er sagte, Gewaltfreiheit sei die aktive, bedingungslose Liebe zu anderen, das fortwährende Streben nach Wahrheit, die radikale Vergebung für die, die uns verletzt haben, der standhafte Widerstand gegen jede Form des Bösen und die liebende Bereitschaft, im Kampf für Gerechtigkeit sogar Leiden auf sich zu nehmen, ohne den Wunsch nach Vergeltung zu empfinden. Das alles stellt sowohl eine völlig neue Lebensweise als auch eine neue Methode für menschliches Leben und sozialen Wandel dar.

Eine weitere Möglichkeit, Gewaltfreiheit aufzufassen, besteht darin, sie in Zusammenhang mit unserer Identität zu sehen. Gewaltfreiheit ausüben bedeutet, dass wir Anspruch auf unsere Grundidentität als geliebte Söhne und Töchter des Gottes des Friedens erheben und also als Friedensstifter in die Welt des Krieges gehen, um alle Menschen zu lieben. Wir tun das, weil wir wissen, wer wir sind, und wir handeln so, wie Gottes geliebte Söhne und Töchter nun einmal handeln. Eben das hat Jesus gelehrt: „Selig, die Frieden stiften, denn sie werden Söhne und Töchter Gottes genannt werden … Liebt eure Feinde und betet für die, die euch verfolgen, damit ihr Söhne und Töchter Gottes werdet, denn er lässt seine Sonne aufgehen über Bösen und Gu-

ten und er lässt regnen über Gerechte und Ungerechte." Im Zusammenhang mit seiner Vision von Gewaltfreiheit – radikaler
Friedensstiftung und Feindesliebe – sagt Jesus uns, wer wir bereits sind: die Söhne und Töchter Gottes. Er spricht über unsere
wahre Identität, die uns bereits dazu antreibt, Menschen liebevoller Gewaltfreiheit zu sein.

Das Problem ist: Wir wissen nicht, wer wir sind. Wir machen
uns die Tiefe unserer wahren Identität als Söhne und Töchter des
Gottes des Friedens und der Liebe nicht klar. Wenn wir diese
Identität im tiefsten Inneren unseres Wesens erkennen würden,
wären wir gewaltfrei. Aber wir vergessen, wer wir sind, oder wir
wollen nicht wissen, wer wir sind, oder wir leugnen sogar ausdrücklich, wer wir sind – und deshalb sind wir uns und anderen
gegenüber gewalttätig. Die Aufgabe besteht nun darin, uns daran zu erinnern, wer wir sind, und aus diesem Grund gewaltfrei
gegen uns und andere zu handeln.

Gewalt kann man nach Charles McCarthy so definieren: Wir
vergessen, wer wir sind. Wenn wir gewalttätig sind, weisen wir
damit unsere wahre Identität, die in unserer Beziehung zum Gott
des Friedens liegt, zurück oder vergessen sie. Wenn wir aber die
Erkenntnis, wer wir sind, zurückweisen, wenn wir vergessen,
wer wir sind, oder wenn es uns nicht gelingt zu erkennen, wer
wir sind, dann neigen wir dazu, uns und anderen Gewalt anzu-
tun, weil wir uns im Chaos der Bedeutungslosigkeit verloren haben. Wenn wir unsere eigene Identität nicht mehr erkennen, vergessen wir auch, dass alle anderen Menschen unsere Geschwister sind. Wir verletzen uns und andere und töten sogar uns und
andere. Diese grundlegende Fehleinschätzung dessen, was es
bedeutet, ein Mensch zu sein, bildet das Zentrum des globalen
Chaos der Gewalt.

Gewaltanwendung bedeutet, dass wir unsere grundlegende
Menschlichkeit vergessen und dass wir die wahre Identität als
Menschen, als Sohn oder Tochter des Gottes des Friedens, als
Bruder oder Schwester eines jeden Menschen, nicht kennen oder
keinen Anspruch darauf erheben. Wenn wir nicht wissen, dass
Gott uns liebt, wenn wir vergessen, dass andere Menschen unse-

re geliebten Geschwister sind, werden wir schließlich Menschen töten, Atomwaffen bauen, Menschen mit Drohnen bombardieren oder Menschen in Staub auflösen, wie wir das in Hiroshima getan haben. Diese Gewalt ist das direkte Ergebnis unserer „Stumpfsinnigkeit". Wir gehen wie Schlafwandler nichtsahnend und stumpfsinnig durchs Leben und werden für uns und andere zur Gefahr. Es macht uns nichts aus, Gewalt gegen uns auszuüben, und die Ungerechtigkeit von Leiden und Tod anderer kümmert uns nicht. Sie kümmert uns nicht, weil wir nicht begreifen, dass wir alle Eines sind, alle Kinder unseres geliebten Gottes des Friedens, dass wir alle Geschwister sind.

Gewaltfreiheit kann folgendermaßen definiert werden: Wir erinnern uns daran, wer wir sind, wir rufen uns Tag für Tag ins Gedächtnis, wer wir sind, und wir vergegenwärtigen uns die Wahrheit der Realität: Wir sind alle Eins, sind alle Söhne und Töchter des Gottes des Friedens, sind uns gegenseitig Geschwister. Aktive Gewaltfreiheit geht ganz natürlich von denen aus, die vollkommen in ihrer grundlegenden Identität als Gottes Kinder tagtäglich in Achtsamkeit und bewusster Wahrnehmung leben und die darum kämpfen, jeden Augenblick des gesamten Lebens, das sie noch vor sich haben, dem Kern ihrer Identität treu zu bleiben.

Ein gewaltfreies Leben verlangt tägliche Meditation, Kontemplation, Lernen, Konzentration und Achtsamkeit. Ebenso wie Unbewusstheit zu Gewalt führt, führt ständige Achtsamkeit und bewusste Wahrnehmung unserer wahren Identität zu Gewaltfreiheit und Frieden. Je tiefer wir in achtsame Gewaltfreiheit eintauchen, umso mehr leben wir die Wahrheit unserer Identität als Menschen, die füreinander Geschwister und Söhne und Töchter des Gottes des Friedens sind. Die sozialen, wirtschaftlichen und politischen Auswirkungen dieser Praxis sind erstaunlich: Wenn wir Söhne und Töchter eines uns liebenden Schöpfers sind, ist jeder Mensch unsere Schwester oder unser Bruder. Dann können wir nie wieder einen Menschen auf der Erde verletzen und noch weniger können wir schweigen angesichts von Krieg, Hunger,

Rassismus, Sexismus, Atomwaffen, struktureller Ungerechtigkeiten und Umweltzerstörung.

Gewaltfreiheit verlangt eine aktive universelle Liebe für die gesamte Menschheit, das Streben nach der Wahrheit unserer gemeinsamen Menschlichkeit. Wir beteiligen uns aktiv und in der Öffentlichkeit am Kampf für Gerechtigkeit und Frieden, denn wir lieben jeden Menschen als unsere Schwester und unseren Bruder. Wir wissen, dass jeder Mensch unsere Schwester oder unser Bruder ist und deshalb geben wir unser Leben dafür hin, dass alle Menschen in Frieden und Gerechtigkeit leben. Wir wollen, dass niemand leidet und wir wollen erst recht nicht, dass jemand im Krieg getötet wird, wir wollen weder Hunger noch Atomwaffen noch Hinrichtungen. Mit unserer aktiven Gewaltfreiheit versöhnen wir uns bewusst mit jedem Menschen und gleichzeitig leisten wir gegen jede Struktur, jedes System und jeden Akt der Gewalt Widerstand, um Gottes gewaltfreies Reich der Gerechtigkeit, der Liebe und des Friedens willkommen zu heißen.

Am Leben in Gewaltfreiheit ist nichts Passives. Es ist eine aktive Lebensweise; es verlangt tagtäglich positive Aktivität für unser eigenes Wohl und das aller anderen und der gesamten Schöpfung. Diese positive, aktive, universelle Liebe kommt aus dem innerlichen Bewusstsein der wahren Identität, unserer Beziehung zum Gott des Friedens und dem Geliebtsein, das wir für uns und alle anderen beanspruchen.

Die Kultur von Krieg und Gewalt versucht uns dagegen immer einzureden, wer wir sind, sie versucht, uns einen Namen zu geben. Allzu oft lassen wir uns von ihr einreden, wer wir sind. Und deshalb erheben wir auf viele falsche oder zweitrangige Identitäten Anspruch. Als konservative oder liberale, rechte oder linke Amerikaner, als Demokraten oder Republikaner lassen wir uns von dieser Kultur bestimmen. Einige von uns gründen ihr gesamtes Leben auf eine falsche Identität. Wir wissen nicht, wer wir in Wahrheit sind, deshalb lassen wir zu, dass uns die Kultur des Krieges einen Namen gibt, und schließlich gehen wir durchs

Leben, indem wir uns und andere verletzen und einen Pfad der Verwüstung zurücklassen.

Erinnert ihr euch an die Werbung für die US-Marines? Da hieß es: Um „alles zu sein, was du sein kannst", schließe dich den Marines an. In anderen Worten: Schließe dich uns an, um für das amerikanische Imperium zu töten, und du wirst deine wahre Identität verwirklichen. Das ist, denke ich, eine vollkommene Lüge und das genaue Gegenteil dessen, wer wir wirklich und in Wahrheit sind. „Alles sein, was wir in Wahrheit sind" bedeutet: Menschen der Gewaltfreiheit, der Liebe und des Friedens werden.

Das Evangelium beruft uns dazu, unser wahres Ich zu werden, die geliebten Söhne und Töchter des Gottes des Friedens zu werden, die wir bereits sind, indem wir unserer Berufung zum lebenspendenden Friedensstiften folgen. Im Gegensatz dazu ahmt das Militär diese Berufung nur nach, aber sie richtet sie auf Kriegsteilnahme und Tod, nicht auf das Leben im Frieden. Das Militär missbraucht die Frage nach unserer Identität, um uns für eine Kultur der Gewalt und des Krieges zu rekrutieren. Viele fallen auf diesen alten Trick rein. Aber wir müssen das nun nicht mehr.

Eine Möglichkeit, das Christentum zu verstehen, ist, dem gewaltfreien Jesus zuzuhören, der uns sagt, wer wir in Wahrheit sind. Ihr seid die geliebten Söhne und Töchter des Gottes des Friedens, sagt er, nicht die Söhne und Töchter des Imperiums[1] oder der Kriegs- und Gewaltkultur. Als Christen versuchen wir, ihn beim Wort zu nehmen; wir beanspruchen unsere wahre Identität und bleiben ihr treu. Das tun wir und gehen in die Kul

---

[1] Wenn John Dear von „Imperium" spricht, ist in der Regel mehr gemeint, als etwa nur ein Rekurs auf die imperiale Stellung der USA in der Welt. Das Wort „Imperium" ist Teil befreiungstheologischer Sprache, die sich u.a. aktuell auch bei Papst Franziskus findet. Auch die für John Dear sehr relevante Theologie von Walter Wink spricht von einem Herrschaftssystem, welches sich durch den Mythos erlösender Gewalt und den Sündenbockmechanismus legitimiert. Vgl. zu Wort und Sache „Imperium" ansonsten SCHOTTROFF, Luise u. a. (Hg.), Das Imperium kehrt zurück. Das Imperium in der Bibel und als Herausforderung für die Ökumene heute, Uelzen: Erev-Rav 2006.

tur des Krieges hinaus, stiften Frieden, leisten Widerstand gegen das Imperium, leben in Gottes Liebe und heißen Gottes Friedensreich willkommen. Wir tragen dazu bei, dass alle anderen erfahren, dass auch sie die geliebten Söhne und Töchter Gottes sind, dass sie gewaltfrei sein können, dass sie geliebt werden und liebenswert sind und dass sie alle lieben können. Das ist der Sinn des Lebens, die Fülle des Lebens und die Arbeit eines Frieden stiftenden Lebens.

Wie übte Jesus vollkommene Gewaltfreiheit?

Gandhi sagte, Jesus habe vollkommene Gewaltfreiheit geübt. Wenn das stimmt, muss man fragen: Wie war es Jesus möglich, vollkommen gewaltfrei zu sein? Wie praktizierte er so edle Friedensstiftung? Wie verkörperte er kreative Gewaltfreiheit auf so gute Weise? Die Antwort können wir am Beginn seiner Geschichte, bei seiner Taufe, finden.

Jesus saß am Jordan und betete, da hört er eine Stimme sagen: „Du bist mein geliebter Sohn, an dir habe ich Wohlgefallen gefunden." Anders als die meisten von uns nimmt Jesus die Kundgabe von Gottes Liebe zu ihm an. Er beansprucht seine wahre Identität als geliebter Sohn des Gottes des Friedens. Von da an weiß er, wer er ist. Er bleibt dieser Identität bis zum Augenblick seines Todes treu. Von der Wüste bis zum Kreuz ist er dem treu, der er ist. Er wird der, der er ist, und er wird dem, was er ist, gerecht; deshalb agiert er öffentlich wie einer, den Gott liebt.

In diesem Augenblick am Jordan, denke ich, liegt der Schlüssel zum Verständnis des Frieden stiftenden Lebens Jesu und seiner kreativen Gewaltfreiheit. Woher wusste er, dass Gott ein Gott der Gewaltfreiheit und Liebe ist? Weil er Gottes Liebe und Gewaltfreiheit erfahren hatte, als er am Jordan saß. Er war von einem gewaltfreien, liebenden Gott überwältigt, der ihn bestätigte und ihn als „mein geliebter Sohn" bezeichnete. Jesus beschloss, diesem gewaltfreien, liebenden Gott von nun an bis zu seinem Tod zu vertrauen. Er beschloss, Gott hinsichtlich seiner

Identität beim Wort zu nehmen. Da er diese Aussage als Aussage über seine wahre Identität annahm, fand er eine ungewöhnliche innere Kraft dafür, mit erstaunlicher Liebe und kreativer Gewaltfreiheit in die Kultur der Gewalt hinauszugehen, um eben die Liebe und Gewaltfreiheit auszuüben, die er zuvor von Gott erfahren hatte.

Nachdem Jesus seine Identität als der geliebte Sohn des Gottes des Friedens angenommen hat, geht er in die Wüste, um dort vierzig Tage zu beten und zu fasten. Sofort wird er in Versuchung geführt, dieser Identität abzuschwören, das bedeutet, dass er versucht wird, sinnlose Gewalt auszuüben und ein Leben der falschen Spiritualität der Gewalt und des Krieges zu führen. Die Versuchung beginnt: „Wenn du Gottes Sohn bist, beweise es. Tu dies und das … Tu dir selbst Gewalt an, sei erfolgreich, bete die Macht an, verliere deine Seele … Sei ein gewalttätiger Messias wie der römische Kaiser und diene der Kultur der Gewalt und des Krieges!"

In der Wüste weigert sich Jesus, seine wahre Identität zu verleugnen, und entscheidet sich dafür, jeden Augenblick seines Lebens als Gottes geliebter Sohn in enger Beziehung zu diesem Gott des Friedens zu leben. Indem er das tut, empfängt er die Kraft, jede Versuchung zur Gewaltanwendung zurückzuweisen und kämpferische Gewaltfreiheit auszuüben. Jeden Augenblick bis ans Ende seines Lebens bleibt er dieser Identität und dieser Beziehung treu. Während seines gesamten Lebens als Friedensstifter wird diese Identität immer wieder infrage gestellt: sowohl von den Dämonen, die er austrieb, wie auch von den religiösen Autoritäten, die er zurechtwies. Selbst als er schon am Kreuz stirbt, verhöhnen ihn Vorübergehende und sagen: „Wenn du der Sohn Gottes bist, beweise es: Steige vom Kreuz herab!" Aber er bleibt der Stimme treu, die sagt: „Du bist mein Geliebter".

Jesus weiß, wer er ist: Er ist in seiner Beziehung zum Gott des Friedens verankert, deshalb bleibt er friedlich. Er verkörpert Gewaltfreiheit und geht in die Welt des Krieges hinaus, um Frieden zu stiften. Da er so vollkommen auf seinen gewaltfreien, liebevollen Gott vertraut, geht er in den Tod und übt vollkommene gewaltfreie Liebe. Er versucht es nicht mit Gewalt und er verliert weder seinen Glauben noch rast er vor Wut, sondern er vergibt denen, die ihn töten, und übergibt sich in Frieden dem Gott des Friedens. Sein Tod wird zu einer spirituellen Explosion, die fortwirkt, um im Laufe der Jahrhunderte Millionen zu entwaffnen.

Wenn er seine Identität verleugnet hätte, hätte er Gewalt ausgeübt und wäre wie jeder andere geworden, der Krieg führt. Weil er dem Gott des Friedens und der Liebe Gottes zu ihm treu blieb, war er im Frieden gefestigt und konnte erstaunliche gewaltfreie Liebe üben, eine Liebe, die ihr Leben für andere hingibt.

Unsere wahre Identität behaupten
und Gewaltfreiheit ausüben

Wenn die Geschichte dort zu Ende gewesen wäre, hätte das schon genügt. Aber in seiner Lehre von Frieden und Gewaltfreiheit, in der Bergpredigt, lädt Jesus die gesamte Menschheit ein! „Selig, die Frieden stiften; sie sind die Söhne und Töchter des Gottes des Friedens", sagt er. In anderen Worten: Alle können geliebte Söhne oder Töchter des Gottes des Friedens sein, alle können Frieden stiften, alle werden vom Gott des Friedens „meine Geliebten" genannt, alle haben Anspruch auf ihre wahre Identität als Söhne oder Töchter des Gottes des Friedens.

Jesus verknüpft die Frage nach unserer Identität – wer sind wir wirklich? – mit Friedensstiftung, Gewaltfreiheit und weltumfassender Liebe. Liebt eure Feinde, lehrt er auf dem Höhepunkt seiner Predigt, dann seid ihr wirklich Söhne und Töchter des Gottes der weltumfassenden gewaltfreien Liebe, des Gottes, „der seine Sonne aufgehen lässt über Guten und Bösen und der regnen lässt über Gerechte und Ungerechte."

Die meisten Menschen im Verlauf der Geschichte haben diesen Punkt übersehen, vermute ich. Jesus behandelt alle Menschen wie seine geliebten Geschwister, als geliebte Söhne oder

Töchter seines geliebten Gottes. Deshalb erkennt er die Möglichkeit zum Friedenstiften und zur aktiven Gewaltfreiheit in uns allen und ruft alle, denen er begegnet, dazu auf, abzurüsten und
ihr heiliges Potenzial zu erkennen, das zu werden, was sie bereits sind, ihre wahre Identität in Gott ebenso wie er zu erfüllen,
und auf diese Weise Friedensstifter zu werden, die weltumfassende gewaltfreie Liebe üben.

Wenn die Geschichte Jesu die vollkommenste Verwirklichung
der Geschichte aller ist, dann sagt Gott irgendwann einmal zu
jedem/r von uns: „Du bist mein/e Geliebte/r". Allerdings hören
nur wenige diese Verkündigung und noch weniger nehmen sie
als wahr an. Wenn wir diese Einladung hören und Anspruch auf
diese erstaunliche Wahrheit erheben könnten, dann könnten
auch wir Frieden stiftende Menschen der Gewaltfreiheit werden.
Wir würden unser Leben damit verbringen, diesem Ruf zu folgen, wir würden alle als Geschwister ansehen und wir würden
ebenso wie Jesus unser Leben dafür einsetzen, anderen dabei zu
helfen, ihre Berufung zum Gott des Friedens zu erkennen.

Ich glaube, diese Einsicht ist der Schlüssel zur christlichen
Gewaltfreiheit, zum spirituellen Leben und zu unserer Menschlichkeit. Wenn wir Gottes Stimme hören und verstehen, wer wir
sind, nehmen wir uns selbst und einander als Gottes geliebte
Söhne und Töchter an. In diesem Geist schwören wir aller Gewalt gegen uns und andere ab, streben danach, weder uns selbst
noch irgendeine Schwester oder irgendeinen Bruder jemals wieder zu verletzen, versuchen gewaltfreier gegen uns und einander
zu sein und schließen uns Gottes globaler Bewegung der Gewaltfreiheit an, damit die Welt abrüstet und wir Gottes Frieden auf
Erden empfangen.

Ich habe bisher nie gehört, dass jemand das spirituelle Leben
auf diese Weise erklärt hätte, außer vielleicht mein Freund Henri
Nouwen, der dieses Thema in seinen letzten Lebensjahren zu ergründen begonnen hat, besonders in seinem Buch „Du bist der
geliebte Mensch. Heute spirituell leben."[2] Das ist der Schlüssel

[2] NOUWEN, Henri J. M., Life of the Beloved: Spiritual Living in a Secular World, New York: The Crossrad Publishing Company, 2002 (zuerst 1992). *deutsch*: Du

zu unserer Arbeit für Frieden in Gerechtigkeit: Wir sind die geliebten Söhne und Töchter des Gotts des Friedens und deshalb
gehen wir in die Welt des Krieges hinaus und stiften Frieden. Es
ist nun einmal die wahre Identität aller, allerdings kennen die
nur wenige und nur wenige nehmen sie in Anspruch. Darum
kann Gewaltfreiheit so definiert werden: sich erinnern und sich
in täglicher Besinnung ins Gedächtnis rufen, wer wir sind: die
geliebten Söhne und Töchter des Gottes des Friedens, Geschwister eines jeden Menschen auf dem Planeten, Menschen weltumfassender gewaltfreier Liebe. Weil wir dem Gott der Liebe und
des Friedens vertrauen, fürchten wir uns nicht. Wir gehen in
Glauben, Hoffnung und weltumfassender Liebe voran, um kreative Gewaltfreiheit in der Welt der Gewalt zu üben. Wir versuchen, unserer Identität treu zu sein und darum wie Jesus unser
Leben für unsere leidenden Geschwister hinzugeben und Gottes
Reich des Friedens in Gerechtigkeit zu empfangen.

Im Laufe der Zeit stellt die Erkenntnis unserer wahren Identität unser Gottesverständnis infrage und verändert es. Wir verstehen Gott nicht mehr als einen Gott der Gewalt, des Hasses
oder des Krieges, sondern als den lebendigen Gott der Gewaltfreiheit, der Liebe und des Friedens. Auch unser Verständnis von
Kirche wird infrage gestellt und verändert sich. Jetzt wissen wir,
dass die Kirche eine Gemeinschaft des Friedens, der Liebe und
der Gewaltfreiheit sein soll, ein Ort, an dem es uns möglich ist,
die zu sein, die wir bereits sind, und von dem aus wir ausgesen-
det werden, Frieden zu stiften. Auch unser Verständnis davon,
worum es im Leben geht, verändert sich. Statt Geld zu verdienen, über die Runden oder vorwärts zu kommen, wird das Leben zu einer Reise der Abrüstung unseres Herzens und unserer
Welt. Wir heißen eben hier in unserer Mitte eine neue Welt des
Friedens willkommen, Gottes gewaltfreie Herrschaft.

Je mehr wir unsere wahre Identität als Gottes geliebte Söhne
und Töchter und als geliebte Geschwister geltend machen können, umso besser werden wir wie Jesus Gewaltfreiheit ausüben

bist der geliebte Mensch: Heute spirituell leben. Aus dem Amerikanischen von
Bernardin Schellenberger. Freiburg: Herder 2015.

und die Friedensmission erfüllen können, mit der er uns betraut hat. Wenn wir das, was wir sind, in Ehren halten, werden wir gewaltfreier gegen uns selbst sein und nicht mehr mit der Gewalttätigkeit in unserem Innern kooperieren. Dann kann der Gott des Friedens, der Eine, der uns sagt, wer wir sind, in Frieden in unserem Innern wohnen.

2. INNERE GEWALTFREIHEIT ENTWICKELN

Wir alle sind dazu berufen, die zu werden, als die wir geschaffen wurden: die geliebten Söhne und Töchter des Gottes des Friedens. Das bedeutet, dass wir alle wie der gewaltfreie Jesus in die Welt des Krieges geschickt werden, um Frieden zu stiften. Wir beanspruchen unsere wahre Identität in Gottes Liebe und versuchen, uns selbst und jeden, dem wir begegnen, zu lieben und in der ganzen Welt die Liebe zu vermehren und die Gewalt zu beenden. Das ist eine schöne, aufregende Mission, die unserem Leben letztgültigen Sinn im weltumfassenden Plan der Dinge gibt.

Wir sind in unserer Identität und Mission verwurzelt und streben danach, in der bewussten Erkenntnis von Gottes liebender Gegenwart zu leben und diese entwaffnende Liebe allen Menschen mitzuteilen. Das bedeutet, dass wir weiterhin Tag für Tag während des gesamten Lebens, das wir noch vor uns haben, Gottes Frieden und Gewaltfreiheit in unserem Innern nähren. Wir streben danach, Menschen des Friedens zu werden, die wie Söhne und Töchter des Gottes des Friedens handeln. Wir streben danach, diesen heiligen Frieden in unserem Innern wohnen und von uns ausstrahlen zu lassen, sodass die Welt friedlicher und gewaltfreier wird.

Natürlich ist das viel schwerer, als es klingt. Aus diesem Grund schlage ich vor, dass wir unsere Überlegungen über das Leben der Gewaltfreiheit mit der Bemühung um Gewaltfreiheit in unserem Innern beginnen: Wir lassen die Gewalt in unserem Innern los und fördern die innere Gewaltfreiheit, sind also nicht

gewalttätig gegen uns selbst. Wir bemühen uns, von nun an gewaltfrei mit uns umzugehen. Wir müssen Gewaltfreiheit zuallererst uns selbst gegenüber ausüben und nie wieder gewalttätig
gegen uns selbst sein. Das Leben der Gewaltfreiheit beginnt damit, dass wir uns mit uns selbst anfreunden, Frieden mit uns
schließen und Raum dafür schaffen, dass Gottes Geist des Friedens in unserem Innern lebt und wohnt. Es bedeutet, dass wir
Gottes Versicherung, er liebe uns, ernst nehmen und uns selbst
aus der Perspektive gewaltfreier Liebe sehen, also ebenso, wie
Gott uns sieht.

Den meisten von uns fällt das schwer. Wir sind an Gewalt
gewöhnt, auch an Gewalt gegen uns selbst. Wir mögen uns nicht,
drängen uns, setzen uns herab und verletzen uns sogar körper-
lich. Wir kultivieren und nähren aktiv die Gewalt in unserem Innern. Einige von uns können sich nicht einmal vorstellen, dass
sie sich selbst gegenüber gewaltfrei sein könnten. Wir können
unseren Nächsten nicht wie uns selbst lieben, wie die Evangelien
lehren, weil die meisten von uns sich selbst überhaupt nicht lieben.

Wir reden nicht gerne darüber, aber es gibt einen epidemi-
schen Selbsthass, wenig Selbstachtung, Gewalt im Innern und
Selbstmorde im ganzen Land. Wenn wir anderen gegenüber gewaltfrei sein wollen, dann müssen wir zuerst einmal sicherstel-
len, dass wir gegen uns selbst gewaltfrei sind. Das Leben der
Gewaltfreiheit bemerkt die Gewalt in unserem Innern und weist
sie zurück, es lehrt uns, Gewaltfreiheit im Innern zu pflegen und
hilft uns im Laufe der Zeit, gewaltfrei gegen uns selbst zu sein
und uns in unserem Innern friedlicher zu fühlen. Von diesem
Raum des Friedens und der Gewaltfreiheit im Innern aus werden wir fähig, auch der Welt, Frieden und Gewaltfreiheit anzubieten.

Innere Gewalt und innere Gewaltfreiheit

Fangt damit an, euch die Gewalt in euerm Innern anzusehen. Was geht in euch vor? Welche Gefühle habt ihr für euer Leben, euern Körper, euern Geist und eure Seele? Setzt ihr euch manchmal selbst herab? Habt ihr irgendwelche Gefühle von Gewalt gegen euch selbst? Wir sind in einer Kultur der Gewalt aufgewachsen, deshalb erleben wir Augenblicke des Selbsthasses und der Gewalt gegen uns selbst. Wir alle haben in einem gewissen Grad Gewalt verinnerlicht. Der Schlüssel liegt darin, dass wir immer mehr Aufmerksamkeit für die Gewalt in unserem Inneren entwickeln, diese loslassen, an ihrer Stelle Gewaltfreiheit in unserem Innern kultivieren und uns so akzeptieren und lieben, wie wir sind. Wenn wir das tun, werden wir schließlich hingehen können und alle Menschen gewaltfreier lieben.

Die meisten von uns sind voller Konflikte, Spaltung und Chaos. Wir setzen uns herab und dann setzen wir uns wieder dafür herab, dass wir uns herabgesetzt haben. Auch wenn wir gewaltfrei gegen uns selbst sein wollen, bestrafen wir uns schließlich für unsere Schwächen.

Die beste Weise, über unsere inneren Vorgänge nachzudenken, ist es, uns in eine ruhige Meditation zurückzuziehen und tief in unser Inneres zu blicken. Wir können uns fragen: „Wie fühle ich mich in diesem Augenblick?" Wenn wir negative Gedanken oder Gefühle gegen uns hegen, können wir sie sanft anerkennen, die Ursachen und Gründe dafür betrachten, diese Gedanken oder Gefühle loslassen, im Heiligen Geist des Friedens atmen, uns wieder auf die Gegenwart des Gottes des Friedens konzentrieren, versuchen, uns bedingungslos anzunehmen und zu einer Haltung der Gewaltfreiheit gegen uns und Liebe und Fürsorge für uns zurückzukehren. Für schlechte Tage mag das leichter gesagt als getan sein, aber wenn wir uns mit jedem dieser Schritte befassen – besonders an schlechten Tagen – können wir unseren inneren Frieden herstellen und Gewaltfreiheit in unserem Innern kultivieren.

Es hilft auch weiter, wenn wir uns gelegentlich Zeit für eine ruhige Meditation nehmen, um über unsere Lebensreise nachzudenken. Welche Art von Gewalt haben wir von unseren Eltern, Geschwistern, Verwandten, Klassenkameraden und Nachbarn erfahren? Inwiefern gehörte diese Gewalt zur allgemeinen Kultur der Gewalt und des Krieges? Wie wurden unsere Kindheit, unsere Jugend und unser Aufwachsen von den Realitäten der Gewalt beeinflusst?

Welche Gewalt haben wir erfahren? Wie haben wir sie verinnerlicht? Wie wirkt diese Gewalt in unserem Inneren weiter? Wie können wir sie loslassen und über sie hinweg neue Gefühle von Frieden, innerer Freiheit und Freude empfinden? Das sind große Fragen, über die wir nachdenken müssen, wenn wir uns selbst verstehen wollen und wenn wir tiefere Ebenen der Gewaltfreiheit in unserem Innern kultivieren wollen.

Wenn unsere Eltern uns nicht jeden Tag mit bedingungsloser Liebe überschüttet haben, dann lernen wir wahrscheinlich auf irgendeiner Ebene, dass wir bedingungsloser Liebe nicht wert sind. Es kann sein, dass wir nicht wissen, wie wir uns selbst eine solche gewaltfreie Liebe erweisen können. Psychologen lehren, dass die ersten beiden Jahre der frühkindlichen Entwicklung vielleicht die wichtigsten in unserem Leben sind. Wenn wir nicht geliebt, bestätigt, in den Arm genommen und gesegnet wurden, dann könnte es uns schwerfallen, uns in unserem übrigen Leben zu lieben und selbst zu bestätigen. Das kann zu einer Wunde werden und es kann an uns nagen. Einige greifen zu Alkohol oder anderen Drogen, um ihren Schmerz zu betäuben – das macht die Situation allerdings nur noch schlimmer.

Wenn uns unsere Eltern keine Liebe erzeigt haben, wenn unsere Geschwister uns ständig geschlagen haben, wenn wir von anderen Schülern misshandelt wurden, wenn wir in einer Kultur von Krieg und Gewalt aufgewachsen sind oder wenn wir irgendeine Art der Diskriminierung wegen unseres Geschlechts, unserer Rasse, Religion, Nationalität, Fähigkeiten oder sexuellen Orientierung erlitten haben, haben wir in gewissem Maße wahrscheinlich diesen Hass und diese Zurücksetzung verinnerlicht.

Wir wurden gelehrt, uns nicht selbst zu bestätigen oder zu lieben, und davon können wir in gewisser Weise eine geringe Selbstachtung davongetragen haben. Diese Gewalt tragen wir wahrscheinlich in uns; wir gehen dann durchs Leben, fühlen uns elend und bereiten anderen Elend. Und was noch schlimmer ist: Wir lassen schließlich unseren Schmerz an anderen aus: unseren Kindern, unserer Familie, unseren Mitarbeitern. Einige gehen zum Militär, weil sie Struktur und Sinn suchen, und sie richten schließlich diese innere Gewalt gegen den Feind: Sie werden zu Killern trainiert und kehren dann mit den unverarbeiteten Kriegserfahrungen und neuen Gewaltmustern nach Hause zurück; diese Muster richten dann in ihrem Leben und in ihren Familien Zerstörung an.

In unser aller Erziehung war Gewalt gegenwärtig. Wir alle haben Gewalt erfahren. Wir alle haben unter Gewalt gelitten. Wir haben gelernt, dass Gewalt normal sei: So sind nun einmal Welt und Leben! Wir ahnen nicht, dass das Leben anders sein könnte. Es ist nur natürlich, dass wir die Gewalt, die uns als Kindern angetan wurde, verinnerlicht haben. Wenn wir diese Erbschaft an Gewalt nicht ergründen und beim Namen nennen, werden wir weiterhin uns und anderen Gewalt antun. Diese nicht verheilten inneren Wunden können Hass, Groll, Wut, Selbstsucht, Elend, Chaos und weitere Gewalt hervorbringen. Wenn wir uns immer bewusster über das werden, was uns in der Kindheit zugestoßen ist, können wir damit beginnen, Mitgefühl mit uns selbst zu entwickeln, uns anzunehmen und gewaltfreier mit uns selbst umzugehen.

Mit der Gewalt in unserem Innern
nicht kooperieren, sondern sie loslassen

Was können wir also tun? Wenn wir die Wunden erkennen, die uns in unserem Inneren die Gewalt geschlagen hat, und die Art und Weise, wie wir uns selbst verletzen, können wir allmählich die Zusammenarbeit mit dieser Gewalt in unserem Innern aufkündigen. Das bedeutet: Wir versuchen, uns nicht mehr selbst zu bestrafen, sondern stattdessen friedlicher mit uns umzugehen. Wir erweisen uns Barmherzigkeit. Wir gönnen uns eine Pause. Wir machen uns klar, dass wir verletzte Opfer der Kultur der Gewalt sind und dass wir uns erst einmal davon erholen müssen. Wir nehmen uns täglich die Zeit dafür, uns zu heilen, und lassen geduldig zu, dass die Heilung ihren Lauf nimmt, selbst wenn sie Jahrzehnte oder unser ganzes übriges Leben in Anspruch nehmen sollte.

Wenn wir damit beginnen, freundlich zu uns selbst zu sein, wird uns klar, dass es sich gar nicht gut anfühlt, wenn wir gewalttätig gegen uns sind. Folglich wird uns auch klar, wie töricht es ist, sich selbst zu verletzen und den Teufelskreis innerer Gewalt fortzusetzen. Darum müssen wir uns an jedem Tag immer wieder fragen: Wie fühle ich mich? Warum bin ich niedergeschlagen? Warum habe ich derartig feindliche Gefühle in meinem Innern und gegen mich? Wie kann ich sie überwinden? Wie kann ich positivere Gefühle in meinem Innern und mir gegenüber kultivieren? Wie kann ich mir dazu verhelfen, mich besser und friedlicher mir gegenüber zu fühlen, und wie kann ich diesen inneren Frieden kultivieren, sodass er eines Tages zu meiner normalen täglichen Erfahrung wird?

Oft werden die tief in unserem Innern verwurzelten negativen Gefühle durch das, was andere sagen oder tun, ausgelöst. Ein solcher Zusammenstoß kann die Wunden aus unserer Kindheit oder andere nicht geheilte Wunden aus unserer Vergangenheit erneut aufreißen. Dann müssen wir unterscheiden, was sich im Augenblick ereignet und was sich in der Vergangenheit ereignet hat, und wir müssen uns klarmachen, dass wir den Teufelskreis der Selbstmisshandlung dadurch fortsetzen, dass wir uns selbst bestrafen. Stattdessen müssen wir uns dafür entscheiden, uns eine Pause zuzugestehen, alles Üble loszulassen und im Heiligen Geist des Friedens tief durchzuatmen.

Bei dieser bewussten Selbstwahrnehmung ist es wichtig, die Gewalt in unserem Innern loszulassen; im Idealfall übergeben wir sie dem Gott des Friedens. Wir sagen zu uns selbst: „Ich will mich nicht bestrafen. Ich will freundlich zu mir sein. Ich will gnädig zu mir sein. Ich will mich verstehen. Ich vergebe mir. Ich denke an meine Wunden und an meine Würde und an meine Verpflichtung zur Reise des Friedens und der Gewaltfreiheit. Ich entscheide mich dafür, Frieden und Gewaltfreiheit in meinem Innern zu kultivieren." Wenn wir lernen können, all unsere kleinen negativen Gedanken über uns loszulassen, werden wir schließlich die großen negativen Gedanken über uns verkleinern und mit der Zeit allmählich uns selbst immer mehr annehmen, gewaltfreier mit uns umgehen und in unserem Innern dem Frieden einen Ort bereiten.

Einige von uns haben sich so sehr an die Gewalt in ihrem Innern gewöhnt, dass sie sie vielleicht behalten wollen! Wir fühlen uns wohl mit unserem Selbsthass, unserer niedrigen Selbsteinschätzung und der Gewalt in unserem Innern. Wenn wir die Unruhe in unserem Innern abschaffen, fühlen wir uns unbehaglich. Wir sind Frieden in unserem Innern nicht gewohnt. Er beängstigt uns und deshalb meiden wir ihn. Wir sind Schmerz, Zorn, Gewalt, ja sogar Wut in unserem Innern gewohnt. Wir wollen keinen inneren Frieden. Auch das müssen wir ändern. Wir können dieses Gedankenspiel als Falle erkennen. Wir können unsere Furcht ebenso wie unser wahnhaftes Denken, Gewalt in unserem Innern wäre „normal", loslassen. Wir können das Wagnis des Friedens in unserem Innern eingehen und darauf vertrauen, dass der Frieden uns gute Gefühle bereiten wird. Wir können Frieden und Gewaltfreiheit in unserem Innern zur neuen Norm, zu unserer neuen Komfortzone machen.

Eine Lehrerin des Buddhismus, Pema Chödrön, empfiehlt „bedingungslose Freundlichkeit gegen uns selbst". Das ist ein schöner Ausdruck und anscheinend ziemlich leicht zu verwirklichen. Aber wenn wir damit beginnen, bedingungslose Freundlichkeit uns selbst gegenüber zu üben, kann uns durchaus deutlich werden, wie wenig Freundlichkeit wir uns tatsächlich erweisen. Wenn wir uns selbst als unseren besten Freund behandeln, also als eine achtenswerte Person mit großer Würde, die zu ehren, zu achten und zu lieben ist, werden wir uns bald besser mit uns selbst fühlen. Die Gewalt in unserem Innern wird abnehmen und die Gewaltfreiheit in unserem Innern wird zunehmen. Dann sind wir eher bereit, dieselbe Gewaltfreiheit, Liebe und bedingungslose Freundlichkeit anderen zu erweisen. Das bedeutet, dass wir von nun an als bewusst gewaltfreie Erwachsene handeln und nicht mehr als verletzte, erschreckte, gewalttätige Kinder, als Opfer einer Kultur des Krieges.

Mit uns selbst Frieden schließen

Der erste Schritt auf unserer Reise zur Gewaltfreiheit besteht darin, Frieden mit uns selbst zu schließen. Frieden mit uns selbst schließen verlangt, dass wir uns selbst Mitgefühl erweisen. Wenn wir anderen Barmherzigkeit, Mitgefühl, Freundlichkeit und Liebe erweisen wollen, müssen wir auch uns selbst Barmherzigkeit, Mitgefühl, Freundlichkeit und Liebe erweisen. Für die, die nicht daran gewöhnt sind, kann es zu einer glücklichen Überraschung werden, wenn sie erfahren, dass es angenehmer ist, freundlich und barmherzig mit sich selbst umzugehen, als sich selbst zu bestrafen, sich herabzusetzen oder vollkommen elend durchs Leben zu gehen.

Wie kann man gewaltfreier mit sich umgehen? Wie kann man immer mehr innere Gewaltfreiheit kultivieren? Jeder von uns muss diese Frage auf seine eigene Weise beantworten. Wir beginnen mit den Grundlagen und lernen, uns selbst gut zu behandeln: Wir sorgen für unseren Körper, gönnen uns viel Ruhe, treiben täglich Sport, nehmen nur gutes gesundes Essen zu uns, verbringen täglich einige Zeit draußen in der Natur, bringen täglich einige Zeit allein zu, sitzen ruhig da und führen ein Tagebuch, das unser inneres Leben widerspiegelt, sodass uns bewusst wird, was in unserem Inneren vorgeht, was wir tun und warum wir es tun. Wenn wir für uns sorgen, wird uns das mit der Zeit dazu verhelfen, uns unser selbst bewusster zu sein, uns friedvoller zu fühlen und bereit zu sein, friedlich auf jede Krise zu reagieren, in die wir einmal geraten können.

Wenn wir inneren Frieden kultivieren, werden wir Frieden auch auf unsere Umgebung ausstrahlen. Die Menschen werden auf unsere freundliche, friedliche Gegenwart auf positive Weise reagieren und das wird wiederum uns ermutigen, uns noch mehr zu lieben und im Frieden mit uns selbst zu sein; es wird unsere innere Reise zur Gewaltfreiheit fördern. Die Förderung von Gewaltfreiheit, Frieden und Liebe in unserem Innern wird dazu führen, dass Gewaltfreiheit, Frieden und Liebe auch in unserer Umgebung zunehmen.

Damit will ich niemanden ermutigen, zum egozentrischen Narzissten zu werden, zu einem Menschen, der sich, ohne es zu merken, nur mit sich selbst beschäftigt. Übersteigerte Ichbezogenheit ist nur eine andere Erscheinungsform von wenig Selbstachtung, Gewalt gegen sich selbst und geringer Selbstwahrnehmung. Dagegen behaupte ich, realistische Selbstwahrnehmung und größeres Bewusstsein seiner selbst führt zu einer vernünftigen Ausübung von Gewaltfreiheit gegen sich selbst und zu mehr gewaltfreier Liebe zu allen, denen man begegnet.

Es gibt viele konkrete Schritte, die wir Tag für Tag gehen und die uns auf unserer inneren Reise zum Frieden vorwärts bringen können. Zum Beispiel können wir ein Tagebuch über „Gewalt und Gewaltfreiheit" führen, in dem wir unsere Erinnerungen an Gewalt und verletzende Situationen auf unserer Lebensreise und die Gefühle, die wir dabei hatten, festhalten. Wir können uns auch Erinnerungen und Gefühle von Gewaltfreiheit gegen uns selbst ins Gedächtnis rufen, in denen wir uns besonders im Frieden mit uns selbst gefühlt haben. Wir können daran denken, wie das unsere Haltung zu anderen beeinflusst hat und wie wir einen solchen inneren Frieden kultiviert haben. Wir können Gründe für Dankbarkeit, inneren Frieden und Mitgefühl mit uns selbst auflisten und aufschreiben, wie wir uns derartige Gefühle zur Gewohnheit machen können.

Wir können eine Gruppe zur Unterstützung der Gewaltfreiheit gründen oder einer vorhandenen beitreten. Die wäre ein sicherer Ort, an dem wir von der Gewalt, die wir erlitten haben, und der Gewalt, die wir gegen uns selbst empfinden, und ebenso von Erfolgen mit Gewaltfreiheit gegen uns und andere erzählen können. Wir können auch täglich über unsere Gefühle von Liebe, Staunen und Ehrfurcht meditieren, für die Segnungen des Lebens und inneren Frieden danken und Mitgefühl mit uns selbst im Lichte und in der Barmherzigkeit unseres gewaltfreien Gottes empfinden. So einfache Übungen können uns innerlich vollkommen umkrempeln. Sie können die „Verdrahtungen" in unseren Köpfen „neu starten", die Gewaltmuster in unseren Gehirnwellen in neue Muster von Gewaltfreiheit verwandeln und neue gewaltfreie physiologische Möglichkeiten des Friedens schaffen, die unseren Körper und unseren Geist verwandeln.

Der legendäre Friedensaktivist Daniel Berrigan schrieb einmal: Immer, wenn er einmal einen besonders schlechten Tag hatte, wenn ihn jemand wegen seiner Arbeit für die Beendigung des Krieges angriff oder wenn er über sich selbst verzweifelte, setzte er sich zu einer stillen Meditation hin und stellte sich vor, er wäre ein Tintenfisch. Er würde sich mit all seinen acht Armen viele Male immer wieder auf den Rücken klopfen und dabei sagen: „Das hast du gut gemacht, mein Lieber! Wirklich großartig! Mach nur so weiter! Bleib dabei! Was für ein guter Mensch du bist! Gott liebt dich!" Danach habe er sich immer besser gefühlt. Auch wir können eine ähnliche Selbstbestätigung praktizieren. Wenn wir gut für uns sorgen, uns bestätigen und Frieden mit uns schließen, werden wir uns mit der Zeit gestärkt fühlen, andere zu lieben und Frieden mit allen zu schließen.

Ein solcher innerer Frieden ist besonders für Menschen wichtig, die sich bei der öffentlichen Arbeit für Frieden und Gerechtigkeit engagieren. Nur wenn wir uns selbst lieben und bestätigen, werden wir wissen, wie wir gewaltfreie Liebe zu anderen praktizieren können. Ich denke, die Arbeit des gewaltfreien Widerstandes gegen die Ungerechtigkeiten und Kriege in der Welt ist unter anderem deshalb äußerst schwierig, weil die globalen Gewaltprobleme, mit denen wir uns beschäftigen, leicht die schwelende Gewalt in uns selbst anfachen und Wunden aus unserer eigenen Vergangenheit wieder aufreißen können. Friedensstifter, Befürworter der sozialen Gerechtigkeit und Aktivisten müssen sich vollkommen ihrer eigenen inneren Wunden und inneren Gewalt bewusst sein, wenn sie Wunden und Gewalt der Welt angehen wollen. Nur wenn wir uns dieser Beziehung bewusst sind, werden wir auf die Gewalt und das Friedensbedürfnis der Welt nicht von unserer inneren Gewalt, sondern von unserem inneren Frieden aus reagieren.

Ich bin vielen ungesunden, zornigen, gefährlichen Aktivisten begegnet, die für Frieden und Gerechtigkeit eintraten. Sie richten womöglich mehr Schaden an, als dass sie Gutes stiften. Sie schienen sich leidenschaftlich gegen die Gewalt in der Welt einzusetzen, aber offensichtlich waren sie sich ihrer eigenen inneren Gewalt nicht bewusst und verhielten sich deshalb anderen gegenüber gewalttätig. Das ist eine alte Geschichte, eine allgemein bekannte Gefahr, vielleicht auch ein bequemes Stereotyp, aber es muss, wenn wir dem Pfad der Gewaltfreiheit folgen, angesprochen und beobachtet werden.

Wenn unsere Reise in Richtung eines tieferen inneren Friedens geht und wir in der Öffentlichkeit für Frieden arbeiten, wollen wir schließlich nicht mehr Schaden anrichten als Gutes stiften! Bei all unseren guten Absichten wollen wir schließlich nicht uns selbst und andere verletzten und noch weniger wollen wir irgendeinen vom gewaltfreien Kampf für Abrüstung und Gerechtigkeit abbringen.

Der Schlüssel ist, dass die, die Gewaltfreiheit ausüben, das bewusst und selbstkritisch tun müssen.

Gewaltfreiheit beginnt mit der bewussten Wahrnehmung, dass wir alle Opfer von Gewalt sind, dass wir alle verletzt sind und dass wir alle von der Kultur der Gewalt indoktriniert worden sind. Darum müssen wir uns um unsere eigene innere Heilung kümmern und lernen, wie wir gewaltfreier gegen uns und andere werden können. Eine solche persönliche innere Reise ist eine Lebensaufgabe; nur darum geht es im spirituellen Leben. Wir müssen tief in unser Inneres blicken und versuchen, die Ursachen unserer Gewalt zu erkennen. Dann müssen wir freundlich mit uns sein und dürfen uns nicht bestrafen, sondern wir müssen Frieden und Gewaltfreiheit in unserem Innern kultivieren. Wenn wir uns dann anderen zuwenden und uns beim öffentlichen Kampf für Abrüstung und Gerechtigkeit engagieren, während wir uns unserer eigenen Verletzungen und der Notwendigkeit ihrer Heilung wirklich bewusst sind, dann erst können wir tatsächlich anderen dabei helfen, heil zu werden, und dann erst können wir an der Heilung der Menschheit und des Planeten mitwirken. Aus unserer eigenen inneren Erfahrung wissen wir dann, was andere durchmachen, und wir werden sie aufgrund der guten Arbeit in unserem Innern lehren können, wie sie zu wahren Menschen des Friedens und der Gewaltfreiheit werden.

Wenn wir uns zuerst um unsere eigenen Wunden kümmern, unsere eigene innere Heilung suchen und Schritt für Schritt bewusst den Weg der Gewaltfreiheit gehen, können wir anderen dazu verhelfen, ein Leben der Gewaltfreiheit zu führen. Die Arbeit in unserem Innern wird dazu beitragen, die Gewalt anderer zu heilen und sie auf den Weg der Gewaltfreiheit zu bringen. Wenn wir uns bewusst um uns selbst kümmern, werden wir tatsächlich anderen Menschen und der Welt ein wahres Geschenk des Friedens anbieten können. Auf diese Weise wird unser Leben „gute Früchte bringen", wie Jesus in seiner Lehre über Gewaltfreiheit in der Bergpredigt sagt. Wir werden ein Geschenk und ein Segen für die sein, die uns begegnen, und für die Welt als Ganze, und eben das brauchen wir alle: mehr Segnungen und Geschenke des Friedens.

3. DIE TÄGLICHE MEDITATIONSÜBUNG FÜR INNEREN FRIEDEN

Wann hast du erfahren, dass du der geliebte Sohn oder die geliebte Tochter des Gottes des Friedens bist? Diese Frage stelle ich oft denen, die an einem Einkehrwochenende teilnehmen. In unserer gemeinsamen Zeit denken wir über einige Fragen nach, die sich aus dieser ersten ergeben:

– Wie kannst du dich von jetzt an täglich daran erinnern, dass du ein geliebter Sohn oder eine geliebte Tochter des Gottes des Friedens bist und aus diesem Grund allen Menschen auf dem Planeten ein geliebter Bruder oder eine geliebte Schwester?

- Wie kannst du zunehmend diese wahre Identität als geliebter Sohn oder geliebte Tochter des Gottes des Friedens in Anspruch nehmen?
- Wie kannst du diese grundlegende Wahrheit auch in einer Welt der Gewalt und des Krieges immer mehr ausleben und hingehen und deine Geschwister lieben?
- Wie entwaffnet dich diese Erkenntnis und sendet dich aus, kreative Gewaltfreiheit wie Jesus auszuüben?

Das sind gute Fragen, über die man lange nachdenken kann.

In der gesamten Geschichte bezeugen Friedensstifter die Notwendigkeit für stille Meditation, um ein gewaltfreies Leben des Friedens zu führen. Die Geschichte des gewaltfreien Jesus beginnt nach Lukas damit, dass er in stillem Gebet am Jordan sitzt. In dieser stillen kontemplativen Zeit des Zuhörens und des Sich-Öffnens für den Geist des Friedens hört er, dass er Gottes geliebter Sohn sei. In diesem sakralen Raum konnte er diese Botschaft ernst nehmen und diese Wahrheit als den Kern seiner Identität annehmen.

Wie der gewaltfreie Jesus müssen auch wir in schweigender Meditation stillsitzen und unsere Seelen und Herzen dem Heiligen Geist des Friedens öffnen und uns vom Gott des Friedens, Gottes Geliebte nennen lassen. Wir müssen Gott erlauben, uns zu lieben, uns beim Namen zu nennen und uns in Anspruch zu nehmen, wenn wir entwaffnet, geheilt und zur Ausübung liebender Gewaltfreiheit befreit werden wollen.

Aus diesem Grund ist Meditation so wesentlich für das Leben in Gewaltfreiheit. In einer solchen schweigenden Meditation können wir hören, wie Gott zu uns sagt: „Ihr seid meine Geliebten." Wir erfahren, wer wir sind, wir erinnern uns daran, wer wir sind, und wir werden wieder einmal darin bestärkt, die zu sein, die wir wirklich sind. In dieser Kraft und in diesem Vertrauen fühlen wir uns von unserer Gewalt im Innern befreit, dazu frei, aufzustehen und hinaus in die Welt der Gewalt zu gehen, um Hilfe zum Frieden und zur Gewaltfreiheit anzubieten.

In den Jahrzehnten, in denen ich mit Gebet, Kontemplation und Gewaltfreiheit Erfahrungen sammele, ist mir schließlich klargeworden, dass es im Gebet – und im Leben selbst – um die Beziehung zum Gott des Friedens und der Liebe geht. In allem geht es um unsere Beziehung zu Gott. Wenn wir unsere Beziehung zu dem liebenden Gott des Friedens bewusst zur vorrangigen Sache in unseren Herzen und in unserem täglichen Leben machen können, werden wir zu gewaltfreien Menschen. So einfach – und so schwer ist das!

Bei vielen dieser Einkehrwochenenden bitte ich die Teilnehmer, sich an den einen Menschen zu erinnern, der sie bedingungslos geliebt hat. Vielleicht ihre Mutter, ihre Großmutter oder ihr Ehepartner. In der Beziehung mit diesem Menschen weiß man, dass man jetzt und für alle Zeit geliebt wird. Dann stelle man sich vor, Gott liebe einen eine Milliarde Male mehr als dieser Mensch. Gott liebt jeden Einzelnen von uns persönlich, individuell, bedingungslos, wild, unendlich. Das ist die Wahrheit unseres Lebens.

Auch wenn die Kirchen selten Gottes gewaltfreie Liebe zu uns und deren politische Folgen für uns predigen und die Welt des Krieges sich über eine derartige spirituelle Rede lustig macht, so bleibt diese Wahrheit doch bestehen. Das bedeutet, Gebet ist weder eine Pflicht noch eine Schuldigkeit. In unseren Gebeten und unseren schweigenden Meditationen nehmen wir uns Zeit, in der Gegenwart des Einen, der uns als Einzelne bedingungslos und in vollkommenem Frieden liebt, stillzusitzen. Es ist gut, das zu tun, es ist eine gute Möglichkeit, das Leben zu bestehen. Es ist tröstlich, bei Einem zu sein, der uns unendlich liebt. Es fühlt sich gut an zuzulassen, dass Gott uns liebt, uns von der Gewalt in unserem Innern heilt und uns sein Geschenk des Friedens gibt.

Der Gott des Friedens will uns mit unendlicher Freundlichkeit bedingungslos lieben, aber nur wenige Menschen lassen zu, dass Gott das tut. Das ist die Tragödie der conditio humana.

Wenn wir ablehnen, im Licht der Liebe und in der Gegenwart des Gottes des Friedens zu leben, vergessen wir Gott mit der Zeit und nehmen an, Gott müsse – ebenso wie wir – gewalttätig und kriegerisch sein. Dann beginnen wir, uns selbst zu vergessen. Wir erinnern uns nicht mehr an unsere wahre Identität und unseren wahren Zweck. Wir werden gewalttätig gegen uns und die Menschen in unserer Umgebung. Dass wir die Bombardierungen durch unsere Nation, die Hinrichtung von Mördern und rassistische und sexistische Einstellungen unterstützen, kommt letzten Endes daher, dass wir vergessen haben, wer wir sind. Wir verlieren unsere Gewaltfreiheit und damit unsere Menschlichkeit. Wir vergessen unsere Beziehung zu unserem gewaltfreien, liebenden Gott und wir verlieren Glaube, Hoffnung und Liebe.

Innerer Frieden und globaler Frieden nehmen ihren Anfang, wenn wir uns täglich eine stille Zeit nehmen, um beim Gott des Friedens zu sein. Wenn wir das tun, fühlen wir uns allmählich friedlicher mit uns selbst und strahlen diesen heiligen Frieden auf andere aus. Wenn wir uns mit diesem Rahmen der Gewaltfreiheit vertraut gemacht haben, beginnen wir zu verstehen, wer Gott ist, wer wir sind und worum es im Leben geht. Das ist ein schöner, heilsamer Prozess und die Hoffnung für die gesamte Menschheit.

Auch wenn die meisten die Spiritualität des Friedens zurückweisen, bleibt sie doch wahr. Gott ist so gewaltfrei mit uns, dass er uns gestattet, in aller Freiheit die Weise und die Weisheit der Gewaltfreiheit anzunehmen oder zurückzuweisen. Gott überlässt uns die Entscheidung.

Ich denke, der Gott des Friedens wartet während unseres ganzen Lebens geduldig auf uns. Es ist, als wären wir Schlafwandler oder als litten wir an Demenz und wüssten in diesem Zustand nicht, wer wir sind. Wenn wir aufzuwachen wagen und in die Realität zurückkehren, können wir in die Gegenwart des Gottes des Friedens eintreten und eine ganz neue Lebensweise entdecken: Weise und Weisheit der Gewaltfreiheit.

Sich täglich eine gute Zeit nehmen,
um im Frieden Gottes zu wohnen

Ich empfehle euch, dass ihr euch euer ganzes künftiges Leben lang für wenigstens dreißig Minuten am Tag in ruhigem kontemplativen Frieden mit dem Gott des Friedens hinsetzt. Unsere persönliche Beziehung zu dem Gott des Friedens, dem Gott, der uns „meine geliebten Söhne, meine geliebten Töchter" nennt, verlangt eine solche gute Zeit, wie sie nun einmal jede intime Beziehung verlangt. In einer Ehe ist es so: Wenn ein Partner von Liebe spricht, der andere Partner jedoch nie zuhört und sich niemals eine gute Zeit für diese Liebesbeziehung nimmt, wird die Ehe wahrscheinlich nach einigen Jahren scheitern. Dasselbe gilt für die Beziehung zu Gott. Wenn wir uns nicht die Zeit nehmen, um Gott kennenzulernen und bei ihm zu sein, wie können wir dann Gott kennen und bei ihm sein? Wir geben Gott dann bald auf und sagen, wir kennen Gott nicht, und er ist niemals bei uns. Aber Gott gibt uns nicht auf. Gott wartet geduldig, uns zu lieben, bei uns zu sein.

Hier entdecken wir, wie menschlich Gott ist. Gott will uns lieben, bei uns sein und bei uns bleiben. Alles, was wir tun müssen, ist, uns sehen zu lassen und zuzulassen, dass Gott uns liebt. Das Übrige tut Gott. Die gute Nachricht ist, dass sich das gut anfühlt. Es ist besser, als in Schmerz, Zorn, Hass, Bitterkeit, Groll, Verzweiflung oder Gewalttätigkeit dazusitzen. Jedes Gefühl, jede Emotion, jedes Erlebnis wird in eine von Gebet erfüllte Begegnung mit dem Gott des Friedens verwandelt. Wie es geschieht, wenn sich das weinende Kind in die liebevolle Umarmung seiner Mutter flüchtet, werden wir mit einer liebevollen Umarmung aufgenommen und fühlen uns getröstet. Getröstet, geliebt, gestärkt und bereit zum nächsten Schritt, gehen wir daraus hervor. Eben das geschieht im Gebet. Auf diese Weise können wir ein gewaltfreies Leben führen.

Wenn wir uns täglich dafür Zeit nehmen, uns von Gott lieben zu lassen, erfahren wir Gott als einen liebevollen, vertrauenswürdigen, gewaltfreien Elternteil. Mit der Zeit verändert sich unser Wissen von Gott, weil wir Gott, Gottes Liebe und Gottes Frieden direkt erfahren haben. Tief in unserem Innern wissen wir, dass Gott uns liebt, ebenso wie dieser eine Mensch in unserem Leben uns bedingungslos liebt. In unserem täglichen Gebet kehren wir zu dieser Liebe zurück, empfinden diese Liebe und werden von der Gewalt geheilt, weil Liebe uns überwältigt. Die Gewalt in unserm Innern löst sich allmählich auf und wird durch die Liebe und den Frieden Gottes ersetzt. So wirkt Gott: Gottes Heiliger Geist der Liebe entwaffnet uns sanft, verwandelt uns allmählich, erfüllt uns mit Gnade und Frieden und irgendwie werden wir dabei von der Gewalt in unserm Innern befreit und können uns anderen in Liebe zuwenden.

Dann verstehen wir auch uns selbst in neuer Weise. Wir nehmen Jesu Einladung an, geliebte Söhne und Töchter des Gottes der Liebe und des Friedens zu sein. Mit der Zeit spiegeln all unsere Handlungen, unsere Arbeit, unsere Beziehungen und unsere Politik dieses friedvolle Geliebtsein wider, aus dem heraus wir unser Leben führen. Wie Jesus fühlen wir uns friedvoller und werden zu Friedensstiftern. Wir können dazu beitragen, dass andere entdecken, wer sie im Frieden und in der Gewaltfreiheit Gottes sind; Gottes Frieden und Gewaltfreiheit breiten sich aus.

Die spirituelle Übung des täglichen kontemplativen Friedens ist gut für unsere Gesundheit und unser Heilwerden. Wenn wir in diesem stillen Gebet in der Gegenwart Gottes leben und unsere Beziehung zu Gott stärken, entwaffnet Gott sanft unser Herz und reißt die Wurzeln des Krieges aus uns heraus. Im Gegenzug macht er uns das Geschenk des Friedens. Wenn wir uns im Gebet der entwaffnenden, heilenden Arbeit Gottes und der neuen Gewaltfreiheit, die wir empfinden, bewusst werden, können wir Gottes Entwaffnungsprozess bewusst mitmachen. Wir lernen, alle Gewalt, allen Hass, allen Groll, alle Bitterkeit, allen Zorn und jeden Wunsch nach Rache in unserem Innern dem Gott des Friedens darzubringen, alles Gott zu übergeben und Gottes Geschenk des inneren Friedens zu empfangen.

Diesen Prozess muss jeder Einzelne selbst ergründen. Er muss gelebt werden. Deshalb ist meine Empfehlung: Versucht es! Geht zu Gott, verbringt Zeit in Gottes Frieden, übergebt Gott all eure Gewalttätigkeit, lasst zu, dass Gott euer Herz entwaffnet, und achtet darauf, wie ihr euch danach fühlt. Ich habe mich nach jeder Begegnung mit Gott friedvoller und vollständiger gefühlt. Dieses Gefühl des Friedens und der Ganzheit ist gewöhnlich ein sicheres Anzeichen für eine echte Erfahrung von Gottes Geist, der in uns und unter uns wirkt.

In dieser von Gebet erfüllten Begegnung erfahren wir, dass Gott uns niemals verletzt, dass Gott uns und jedem anderen Menschen nur helfen will. Unsere tief eingewurzelte Gewalttätigkeit hält uns davon ab, die Fülle von Gottes bedingungsloser gewaltfreier Liebe zu erkennen, sie zu empfinden und anzunehmen. Aus diesem Grund müssen wir täglich in diese stille, von Gebet erfüllte Begegnung mit Gott zurückkehren. Mit der Zeit verhilft uns unsere Meditation dazu, die erworbenen Barrieren in unserem Innern, die uns von Gottes Liebe trennen, niederzureißen. Allmählich fühlen wir, wie Gottes Liebe durchbricht, uns auf tieferen Ebenen berührt, Groll und Gewalt in unserem Innersten entwaffnet und uns auf neue Weise verwandelt.

Innerhalb der sicheren Umgrenzung unserer von Gebet erfüllten Einsamkeit können wir zu unserem liebenden Gott sagen: „Gut, weil du mich liebst, um deinetwillen will ich versuchen, gewaltfrei mit mir umzugehen und mich zu lieben. Ich will mir vergeben und mich annehmen, wie ich bin, ebenso wie du mich annimmst, wie ich bin, mit all meinen Fehlern." Dieses tägliche Mantra in der Gegenwart Gottes kann eine neue Tür zur Heilung und zum inneren Frieden öffnen.

Entsprechend können wir auch von Zorn, Hass, Groll oder Bitterkeit gegen manche anderen oder einige in unserem Leben wichtige Menschen erfüllt sein. In der sicheren Umgrenzung der von Gebet erfüllten Einsamkeit vor dem Gott des Friedens, der uns liebt, können wir die Gewalt in unserm Innern ansehen, dem Heiligen Geist der Gnade und des Mitgefühls gestatten hereinzukommen und dann Nachsicht und Vergebung denen gewähren, die uns verletzt haben. Wenn wir denen, die uns verletzt haben, vergeben, werden wir uns bald besser fühlen. Schmerz, Zorn, Hass, Groll und Bitterkeit in uns nehmen ab und ein neuer Geist des Friedens erhebt sich in unserm Innern. So verläuft der Heilungsprozess. Wenn wir uns im Gebet nicht die Zeit nehmen, um zu vergeben und loszulassen, werden Gewalt, Groll und Bitterkeit in unserm Innern an uns nagen. Sie werden uns vergiften und vernichten. Sie werden überkochen und uns dazu bringen, unsere Gewalt auszuagieren, auch wenn wir, solange wir bei klarem Verstand sind, niemanden jemals verletzen wollen.

Wenn wir denen, die uns verletzen, zu vergeben beginnen und unsere enge Beziehung zu unserem liebenden Gott vertiefen, erkennen wir, wie viel Gott uns vergeben hat. Wir werden uns bewusst, wie oft wir Gottes Liebe und Frieden zurückgewiesen haben und wie Gott uns dennoch vergibt und uns weiterhin liebt, und wir können umso vergebender und liebevoller denen gegenüber werden, die uns verletzt haben.

Eine Möglichkeit, wie wir den Gott des Friedens in unsere täglichen Meditation einbeziehen können, ist, jeden Morgen während unserer stillen Zeit einige Verse aus einem der Evangelien zu lesen. Wenn ich sage, wir sollten einige Verse aus einem der Evangelien lesen, empfehle ich ausdrücklich, nichts anderes zu lesen. Lest nicht aus den hebräischen Schriften oder den Briefen des Paulus oder aus anderen Teilen des Neuen Testaments oder gar Gedichte oder Schriften der Heiligen. Wenn Gandhi recht hat, dass Jesus der aktivste Mensch der Gewaltfreiheit ist, den die Geschichte kennt, sollten wir, die wir Menschen der Gewaltfreiheit wie Gandhi werden wollen, Jesus kennenlernen; wir sollten sein Leben und sein Handeln studieren und versuchen, ihm nachzueifern. Das kann nur geschehen, wenn wir mit seiner Geschichte vertraut sind.

Deshalb schlage ich vor, einige Verse aus einem der vier Evangelien zu lesen. Setzt euch einfach mit ihnen hin in euerm stillen Gebet. Stellt euch vor, wie Jesus war, wie seine Situation war und wie er handelte. Hört sorgfältig auf den genauen Wortlaut. Nehmt zur Kenntnis, wie er Gewaltfreiheit übte. Bedenkt, wie er sich fühlt, wenn er immer wieder zurückgewiesen und verletzt wird, und wie er dennoch in einem Geist der gewaltfreien Liebe weitermacht. Ich denke, wir sind so weit vom gewaltfreien Jesus entfernt, dass wir Christen drei oder vier Jahrzehnte lang täglich die Evangelien bedenken sollten, bevor wir irgendetwas anderes in Angriff nehmen. Wir müssen mehr über den gewaltfreien Jesus erfahren, wir müssen entdecken, wie er das tat, was er tat, und wir müssen versuchen, etwas von seinem gewaltfreien Geist zu erfassen, wenn wir an seiner Kampagne der Gewaltfreiheit teilnehmen wollen.

Eine andere Meditationsübung, die mir mein Leben lang geholfen hat, ist, einfach in der Gegenwart Jesu dazusitzen, zu ihm zu sprechen und ihm zuzuhören. Das ist eine alte christliche kontemplative Übung. Sich einfach vorzustellen, man sei mit Jesus allein. Seht ihn an. Wie sieht er aus? Wie fühlt es sich an, in seiner Gegenwart zu sein? Wie sieht er euch an? Hört ihm zu. Was sagt er euch? Was wollt ihr ihm sagen? Wenn ihr gesprochen habt, hört auf zu sprechen und versucht, genau zuzuhören. Ihr könnt vielleicht sogar fragen: „Jesus, möchtest du mir etwas sagen?"

In diesem einfachen Gespräch unter Freunden werdet ihr entwaffnet, geheilt und dazu befreit, in gewaltfreiem Frieden ihr selbst zu sein. Ihr könnt ihm alles sagen und ihn für alles um Rat bitten, besonders für die zentralen Fragen, Gefühle und Kämpfe mit Gewalt und Gewaltfreiheit.

Gandhi hatte nur ein einziges Bild in seinem Zimmer. Es war eine billige alte Reproduktion eines sentimentalen Gemäldes aus dem neunzehnten Jahrhundert, auf dem Jesus zu sehen ist, wie er an eine Tür klopft. Darunter stand: „Er ist unser Friede." Gandhi sagte dieses Bild alles. Mit der Zeit werden auch wir erfahren: Jesus ist unser Friede. Er ist unser Weggefährte, unser Lehrer der Gewaltfreiheit und die Verkörperung des Friedens, den wir in unserer täglichen stillen Meditation erfahren.

Wenn wir im Gebet mit dem gewaltfreien Jesus beisammen sind, erfahren wir Frieden und werden ihm immer ähnlicher: ein Mensch der Gewaltfreiheit. In seiner Gegenwart löst sich unsere

Gewalt auf, wir kultivieren Gewaltfreiheit in unserm Innern und wir entdecken immer neue Tiefen des Friedens. In diesem Geist und mit diesem Gefühl wollen wir unser weiteres Leben verbringen. Dieser Geist, dieses Gefühl und diese Realität soll uns mit allen, die uns begegnen, verbinden.

4. Die Gefühlsebene
der Gewaltfreiheit

Vor ein paar Jahren lud mich eine Freundin, die Friedensnobelpreisträgerin Mairead Maguire aus Belfast, ein, für ein paar Tage mit ihr an einer einzigartigen Versammlung von zehn Friedensnobelpreisträgern in Denver, Colorado, teilzunehmen. Jeder der Preisträger sollte einen Freund oder Partner mitbringen. Wir waren also zwanzig und verbrachten drei Tage zusammen. Die Nobelpreisträger sprachen vor etwa 10.000 Menschen bei einer öffentlichen Veranstaltung in einem Stadion, vor 5.000 Jugendlichen in einem Gymnasium und vor 5.000 Frauen aus der Gegend. An einem weiteren Tag wurde ein Gespräch für die BBC aufgenommen. Dieses Gespräch sahen möglicherweise mehr als einer Milliarde Menschen in aller Welt.

Einmal waren wir zwanzig im „grünen Zimmer", einem Garderobenraum des Stadions, und warteten darauf, dass die Preisträger auf die Bühne gerufen wurden. Wir knabberten an etwas Essbarem und plauderten miteinander. Seine Heiligkeit der Dalai Lama und Erzbischof Desmond Tutu aus Südafrika saßen auf einem Sofa und wir anderen saßen in einem weiten Kreis um sie herum. Nach einer Weile hörte das Gespräch auf. Da saßen wir nun in einer Ruhepause schweigend beieinander. Ich war sehr gerührt darüber, dass auch ich in diesem Kreis sein durfte. Ich hatte das Gefühl, dies sei ein heiliger Augenblick.

„Weißt du, Tutu", sagte der Dalai Lama nun so laut, dass wir alle es hören konnten, „Du machst die ganze Welt verrückt. Du hast über alles etwas zu sagen. Alle wollen dich töten. Das könnte ebenso gut ich übernehmen!" Mit diesen Worten fasste der Dalai Lama Erzbischof Desmond Tutu mit beiden Händen um den Hals und begann, ihn zu würgen!

Wir waren alle schockiert. Bevor wir reagieren konnten, wurde Erzbischof Tutus Körper schlaff, die Zunge hing ihm aus dem Mund und seine Augen waren geschlossen. Zwei Sekunden später, wie von einem Choreographen arrangiert, fielen beide zu Boden, die Füße in der Luft, die Hände auf dem Bauch, den Mund weit offen – und Tränen rollten ihnen über die Gesichter. Sie lachten so sehr, dass sie keinen Ton von sich gaben!

Dann erfüllten ihr Gelächter und ihre Tränen den ganzen Raum und auch wir Übrigen begannen über diese beiden großen Kinder zu lachen.

Gerade in diesem Augenblick kam der Bühnenmeister herein und sagte: „Sie sind an der Reihe!"

Es war eine der verblüffendsten Erfahrungen meines Lebens. Auf dem Boden lagen zwei der größten Friedensstifter der Geschichte, kugelten sich und lachten wie Kinder. Sie standen dann schnell auf, klopften sich ab, gingen auf die Bühne und sprachen zu Tausenden von Menschen über Frieden, Liebe und Mitgefühl.

„Genau das will ich auch", sagte ich mir. „Ich habe genug von Furcht, Zorn, Groll, Bitterkeit, Ego, Verwirrung und der Gewalt, die mir die Freude rauben. Ich möchte das haben, was sie haben. Ich möchte der Menschheit dienen, vollkommen am Kampf für Gerechtigkeit und Frieden teilnehmen und das Leben in Fülle leben. Das bedeutet: Ich will lachen und – darf ich das so sagen? – Ich möchte die Freude des Friedens kosten."

Ich erinnere mich oft an dieses Erlebnis, wenn ich die Bergpredigt lese. Darin gibt der gewaltfreie Jesus genaue Anweisungen darüber, welche Gefühle wir für ein gewaltfreies Leben entwickeln sollen. Er verbietet Zorn und Furcht und empfiehlt Trauer und Freude.

Aber einen Augenblick mal – ist das nicht gegen alles, was man uns einmal beigebracht hat? Wir sollten uns fürchten! Wir sollten zornig sein! Wir sollten niemals trauern! Und Freude? In der Mainstream-Kultur wird das Wort nie ausgesprochen – und nicht einmal in den Bewegungen für Gerechtigkeit und Frieden. Es ist, als wüsste niemand mehr, was Freude ist.

Irgendwie haben viele der großen Friedensstifter der Geschichte diese Lektion gelernt. Und doch entzieht sie sich uns Übrigen. Zum Beispiel die beiden Friedensstifter, wie sie sich auf dem Boden kugelten – Erzbischof Tutu und der Dalai Lama. Beide wurden ihr Leben lang immer wieder mit dem Tode bedroht. Sie haben furchtbare Gewalt und furchtbaren Krieg erlebt. Und doch sind sie Menschen der großen Freude. Man kennt an ihnen weder Zorn noch Furcht, man kennt an ihnen ihre Freude und ihre Sorgen. Sie sind ein Beispiel für das Gefühlsleben von Menschen der aktiven Gewaltfreiheit.

Über Furchtlosigkeit

„Für einen gewaltfreien Menschen ist die ganze Welt eine einzige Familie", schrieb Gandhi. „Er fürchtet niemanden und niemand fürchtet ihn". Für Gandhi bedeutete das, dass ein Mensch der Gewaltfreiheit furchtlos ist. Es ist nicht möglich, Gewaltfreiheit auszuüben und sich gleichzeitig zu fürchten. Man muss seine Ängste überwinden, dann kann man in Liebe und Vertrauen mit der Botschaft und der Arbeit für Abrüstung und für Gerechtigkeit in die Kultur von Gewalt und Krieg hinausgehen.

Jesus hat dasselbe gesagt. Die eine Lehre, die er in den vier Evangelien am häufigsten wiederholt, ist geradeheraus: „Fürchte dich nicht. Fürchte dich nicht. Fürchte dich nicht!" Jesus sagt es immer wieder zu seinen Jüngern. Sie sind offensichtlich verängstigt! Einmal schickt er sie in einem Boot übers Meer in Richtung Feindesland, als wolle er sie zwingen, sich mit ihren Ängsten auseinanderzusetzen. Er selbst kam mitten in der Nacht übers Wasser gegangen, als wolle er zeigen, dass Friedenschließen – ins Feindesland zu gehen, um seine Feinde zu lieben – so leicht sei wie das Gehen, ja sogar das Gehen auf dem Wasser.

Der in den vier Evangelien dargestellte Jesus ist furchtlos. Immerzu scheint um ihn herum die Hölle los zu sein. Menschen toben, um ihn zu berühren. Seine Jünger versuchen, ihn aufzuhalten und ihn zu kontrollieren. Die religiösen und regierenden Autoritäten bemühen sich, ihn gefangen zu nehmen und zu töten – und doch bleibt er ruhig und ausgeglichen. Er ist ohne Furcht. Jeder Augenblick seines Lebens in der Öffentlichkeit ist hoch dramatisch, es geht um Leben und Tod, um zivilen Ungehorsam; Jesus bleibt jedoch unerschütterlich. Nur in den Augenblicken vor seiner Gefangennahme, ein paar Stunden vor seiner Hinrichtung, sehen wir ihn zusammenbrechen. Im Garten von Gethsemane weint er. Aber wir erfahren, auch da verliert er Gott nicht aus den Augen, betet und gewinnt bald seine Fassung zurück. Er geht in vollkommener Gewaltfreiheit in den Tod; Gandhi nennt das „Furchtlosigkeit". Darum kann Jesus auch vom Kreuz herab sagen: „Vergib ihnen, denn sie wissen nicht, was sie tun!" Und: „In deine Hände lege ich meinen Geist."

Wenn wir in Angst leben, greifen wir unvermeidlich zur Gewalt, um uns zu verteidigen. Wenn wir die Angst in der Kultur des Krieges institutionalisieren, horten wir Waffen und sagen einander, wir sollten Angst haben. Schließlich greifen wir zu diesen Waffen.

Der Weg der Gewaltfreiheit erfordert eine vollkommen andere Reaktion und Lebensweise. Wir leben nicht mehr in Angst, deshalb horten wir weder Waffen noch greifen wir zu gewalttätiger Vergeltung. Diejenigen, die sich auf Gewaltfreiheit als Lebensweise einlassen, bekommen ihre Angst in den Griff. Wir benennen unsere Ängste, erkennen sie an, denken darüber nach und lassen sie los. Das heißt, wir setzen uns mit jeder möglichen Angst auseinander: der Angst vor Verlust der Gesundheit, des guten Rufs, der Heimat, der Arbeit, des Geldes, der Sicherheit und der Familie, der Angst vor einer möglichen Verhaftung, vor Gefängnis, Schmerz und Verletzung und vor der Unvermeidlichkeit des Todes. Wir lassen die Angst los und ergreifen den gegenwärtigen Augenblick des Friedens und die Möglichkeiten der Liebe.

Gandhi bestand darauf, der einzige Weg zu einem Leben der Gewaltfreiheit sei, dass man sich von jeder Furcht lossage. Als er

Anfang des 20. Jahrhunderts auf seiner Gemeinschaftsfarm in Südafrika lebte, beschloss er, sein Engagement für ein Leben der Gewaltfreiheit zu formalisieren. Also legte er eine Reihe von Gelübden ab: das Gelübde der Armut, das Gelübde der Keuschheit, das Gelübde der Achtung aller Religionen, das Gelübde der Wahrheit – und die beiden wichtigsten Gelübde: das Gelübde der Gewaltfreiheit und das Gelübde der Furchtlosigkeit.

Gandhi lehrte, dass das Vorhandensein von Gewalt in unserem Innern oder unser Einsatz von Gewalt unsere Furcht verraten. Es ist viel tapferer und mutiger, ohne Furcht zu leben und den Kampf für Gerechtigkeit ohne Gewalt aufzunehmen. Das ist eine schwerere, edlere und fruchtbarere Lebensweise. Gandhi verbrachte die nächsten vier Jahrzehnte damit, vor den Augen der Welt furchtlos Rassismus in Südafrika und Imperialismus und Terrorismus in Indien zu bekämpfen. Er blieb standhaft und friedlich und konzentrierte sich auf die Wahrheit des Kampfes und auf die Liebe zu allen Menschen, darunter auch seine vielen Gegner. Er zeigt uns, dass wir weder in Angst leben noch mit der Kultur der Angst zusammenarbeiten müssen.

„Gewaltfreiheit und Feigheit vertragen sich schlecht", schrieb er. „Ich kann mir einen bis an die Zähne bewaffneten Mann vorstellen, der doch in seinem Herzen ein Feigling ist. Waffenbesitz zeigt Furcht an, wenn nicht sogar Feigheit. Aber wahre Gewaltfreiheit ist unmöglich ohne den Besitz reiner Furchtlosigkeit."

Wie überwinden wir Furcht? Gandhi verbrachte jeden Morgen eine Stunde in schweigendem Gebet und eine Stunde in schweigendem Gebet jeden Abend im Zwiegespräch mit dem Gott des Friedens. Dieses Beten hatte große Bedeutung für ihn. Wenn wir unser tägliches Leben in unserer Beziehung mit unserem liebenden Gott verankern, wenn wir unsere wahre Identität als Sohn oder Tochter des Gottes der Liebe und des Friedens in Anspruch nehmen, geschehen Wunder. Wir stellen fest, dass sich unsere Ängste allmählich auflösen und unser Vertrauen, unsere Liebe und unsere Freude allmählich zunehmen. Wir lernen, niemanden mehr zu fürchten, nicht einmal Krankheit und Tod, weil wir den Gott des Friedens kennengelernt und gelernt haben,

Gott zu vertrauen. In den Tiefen unseres Wesens wissen wir, dass uns unser Überleben schon gewährt ist. Gott will für uns sorgen und uns beschützen.

Wovor sollten wir uns fürchten? Wir können im furchtlosen Geist der gewaltfreien Liebe auf jeden Menschen auf dem Planeten zugehen und wir können unseren Teil dazu beitragen, Gottes Reich des Friedens, der Gerechtigkeit und der Gewaltfreiheit zu begrüßen. Furchtlosigkeit ist der entscheidende Bestandteil des gewaltfreien Lebens.

Du sollst nicht einmal zürnen

Aber in der Bergpredigt hat Jesus den Einsatz anscheinend noch einmal erhöht. Er verbietet nicht nur die Furcht, sondern er verbietet auch den Zorn. Nach den Seligpreisungen nennt er sechs Antithesen. Jede beginnt mit „Ihr habt gehört, dass ... Ich aber sage euch ..." Sie führen uns zu seinen beiden bedeutsamsten Lehren, die Mittelpunkt und Geist der Gewaltfreiheit und des Christentums sind: „Leistet dem, der euch etwas Böses antut, keinen Widerstand" und „Liebt eure Feinde und betet für die, die euch verfolgen, damit ihr Söhne und Töchter Gottes ... werdet, denn er lässt seine Sonne aufgehen über Bösen und Guten und er lässt regnen über Gerechte und Ungerechte." Aber um diese Höhen der kreativen Gewaltfreiheit und weltumfassenden Liebe zu erreichen, müssen wir uns ganz und gar vom Zorn abkehren und uns mit denen versöhnen, die wir verletzt haben.

In der ersten Antithese heißt es: „Ihr habt gehört, dass ... gesagt worden ist: ‚Du sollst nicht töten' ... Ich aber sage euch: Zürnt nicht ..." „Jeder, der seinem Bruder auch nur zürnt, soll dem Gericht verfallen sein ..." Uns wird nicht nur verboten zu töten, Krieg zu führen, hinzurichten und Atomwaffen zu bauen, sondern uns wird auch verboten, zornig zu werden! In einigen progressiven Kreisen gilt eine solche Rede nicht nur als politisch unkorrekt, sondern sie macht geradezu wütend. Gerade darum aber geht es anscheinend.

Ich habe einmal eine kleine Einkehrgruppe älterer Kirchen-mitarbeiter geleitet. Sie hatten ihr Leben dem Dienst der Armen gewidmet. Eine Frau explodierte über diese erste Antithese: „Das ist lächerlich", schrie sie. „Alle werden einmal zornig – ich allerdings werde nie zornig. Denkt mal darüber nach: Ich bin so zornig auf meine Mutter, auf die Kirche und all diese Lehren!" Damit stand sie auf und stürmte aus dem Raum. Sie interessierte sich für ein Leben des Friedens und der Bergpredigt. Zwar erhob sie den Anspruch, friedlich zu sein, aber ihre Worte und Taten zeigten, wie weit entfernt sie vom Frieden war. Sie war eine verletzte, zornige, bittere Aktivistin und war sich ihres Unglücklichseins und des Schmerzes, den sie anderen zufügte, nicht bewusst. Sie machte allen das Leben schwer. Wir empfanden nur Kummer und Mitgefühl für sie.

Vielleicht hatte Jesus recht. Vielleicht ist Zorn ein Stolperstein auf dem Weg zu Frieden, Liebe und Gewaltfreiheit.

Ob der gewaltfreie Jesus vielleicht klüger war als wir? Ob Jesu Gebote vielleicht eine Weisheit und einen Weg für Friedensstifter enthalten, die uns dazu verhelfen könnten, dieselbe innere Stärke und Ruhe und denselben Frieden zu entdecken, die er kannte? Ich denke, eben das hat er versucht: Er wollte uns dazu verhelfen, inneren Frieden und innere Gewaltfreiheit zu entdecken, die stark genug sind, es mit der Welt aufzunehmen.

Ich stelle mir Jesus nicht als einen Wahnsinnigen vor. Ich denke nicht, dass er ein zorniger Mensch war. Ich sehe ihn nicht vor mir, wie er irgendjemanden anschreit, nicht einmal die religiösen Autoritäten. Er kann starke Worte aussprechen, aber er tut es ruhig, friedlich, fest, wie Gandhi oder Thich Nhat Hanh. In den vier Evangelien finde ich nur zwei Stellen, an denen es heißt, er sei „zornig": bei der Heilung des Mannes mit der verdorrten Hand (Markus 3,5 [met orgäs]) und angesichts der heuchlerisch am Grab Trauernden, ehe er Lazarus auferweckte (Joh 11,38 [embrimomenos]). In beiden Fällen wird erzählt, dass die religiösen Autoritäten über seine Rede und seine Heilungen in der Öffentlichkeit aufgebracht waren und ihn gefangen nehmen und töten wollten. Tatsächlich bedeutet das griechische Wort, das im

Johannesevangelium benutzt wird, einen inneren Aufruhr, mehr Angst als Zorn. Jesus hatte es eher satt, als dass er zornig war.

Als er gewaltfreien zivilen Ungehorsam im Tempel ausübte, heißt es nicht, dass er jemanden verletzte oder etwas zerstörte oder dass er jemanden anschrie. Wir projizieren diesen Zorn oder diese Gewalt auf ihn. Wie jeder weiß, der eine ernste gewaltfreie direkte Aktion ausgeführt hat, muss man dabei innerlich besonders ruhig und friedlich sein, wenn man will, dass die Aktion gewaltfrei verläuft. Jesus zeigt, wie gut er Gewaltfreiheit versteht. In keinem der Berichte über sein Handeln, seine Gefangennahme, seinen Prozess, seine Folterung und seine Hinrichtung, wird erzählt, dass er vor Wut explodiert sei. Er wird auch nicht zornig. Er behält die Fassung. Er bleibt in Frieden. Er bleibt in seiner Beziehung zu Gott verankert. Auf diese Weise geht er in vollkommener Gewaltfreiheit in den Tod.

Auch später, nach allem, was er durchgemacht hat, ist in den vier Berichten von seiner Auferstehung kein Anzeichen von Bitterkeit, Groll, Rachedurst oder Zorn zu erkennen. Er kommt mit einem Geschenk des Friedens zurück, bereitet seinen Freunden das Frühstück zu und schickt sie wieder auf ihre Friedensmission. Wie Daniel Berrigan einmal zu mir sagte: „Jesus hatte keinen einzigen niederträchtigen Knochen in seinem Körper."

In der Bergpredigt drängt Jesus uns dazu, die Wurzeln von Gewalt, Mord und Krieg aus uns herauszureißen. Zorn ist die Grundursache für Gewalt, deutet er an. Wir müssen uns mit ihm, mit seinen Ursachen und mit unserer Reaktion beschäftigen, wenn wir ein gewaltfreies Leben führen wollen. Jesus fordert von uns, dass wir uns vom Töten und den Wurzeln des Tötens in unserm Innern abkehren, dem Zorn, der sich aus unserem Verletztsein erhebt. Er will, dass wir keinen einzigen Tropfen Gewalt in uns haben, dass wir Frieden, Liebe und Mitgefühl verkörpern, auch wenn wir Widerstand gegen das Imperium leisten. Aus diesem Grund drängt er uns, uns zugleich von den Wurzeln des Krieges und vom Krieg an sich zu befreien.

Zorn ist ein neutrales Gefühl. Es kommt daher, dass man verletzt worden ist. Wenn wir nicht achtsam sind, agieren wir diesen Zorn aus, vergelten mit Gewalt und verletzen die, die uns verletzt haben, vielleicht töten wir sie sogar, führen Krieg oder setzen Atomwaffen ein. Jesus sagt uns nicht, wir sollten unseren Zorn unterdrücken, das wäre unser übliches Missverständnis. Das funktioniert nicht. Früher oder später kommt der unterdrückte Zorn heraus. Stattdessen drängt Jesus uns, uns damit zu beschäftigen, diese negative Energie durch Vergebung und Mitgefühl in positive konstruktive Arbeit zum Heilen anderer zu kanalisieren und kreative Gewaltfreiheit und weltumspannende Liebe zu üben. Und das drückt er sehr deutlich aus.

Wenn du im Zorn festgefahren bist, sagt er, denke an die, die du verletzt hast, die Grund haben, auf dich zornig zu sein. Dann lasse alles stehen und liegen und gehe dich versöhnen. Katallagete! Das ist das griechische Wort: Versöhnt euch! Das ist der Ausweg aus dem Teufelskreis von Gewalt, Zorn, Vergeltung und Verzweiflung: ständige Versöhnung mit allen auf dem Planeten, angefangen bei denen, die wir verletzt haben. Nutzt euern Zorn dazu, euch an all den Schaden zu erinnern, den ihr selbst angerichtet habt. Kanalisiert eure Energie, um die Wunden zu heilen, die ihr geschlagen habt.

„Wenn du deine Opfergabe zum Altar bringst und dir dabei einfällt, dass dein Bruder etwas gegen dich hat, so lass deine Gabe dort vor dem Altar liegen; geh und versöhne dich zuerst mit deinem Bruder, dann komm und opfere deine Gabe!" Das lehrt Jesus. Jesus spricht zuerst vom Töten, dann vom Zorn, dann vom Gottesdienst und dann von denen, die wir verletzt haben. Er verbindet Ausdrücke miteinander, die die meisten von uns nicht in einem einzigen Satz unterbringen würden. Und doch stimmt es: Mord, Zorn, die Verletzung anderer und Gottesdienst sind durch unsere innere Haltung miteinander verbunden. Jesus möchte, dass wir die Gewaltfreiheit in unserm Innern entwickeln, um von unseren Wunden geheilt zu werden, um denen zu vergeben, die uns verletzt haben, und um Buße zu tun und uns mit denen zu versöhnen, die wir verletzt haben. Auf diese Weise kultivieren wir wahre Gewaltfreiheit in unserm Innern und tun etwas dafür, dass sie gute Früchte hervorbringt.

Sich zu versöhnen bedeutet Folgendes: Wir entschuldigen uns, sagen, dass es uns leidtut, wir leisten Wiedergutmachung, wir bieten denen Geschenke an, die wir beleidigt haben, und wir stellen die richtige Beziehung der gewaltfreien Liebe zu ihnen wieder her. Für Jesus ist das eine Voraussetzung für jeden Gottesdienst. Erst wenn wir uns mit allen, die wir verletzten, versöhnt haben, können wir uns dem Altar nähern und wahren Gottesdienst feiern.

Offenbar will Gott unseren Gottesdienst nicht, wenn wir weiterhin andere verletzen, wenn Zorn an uns nagt und wenn wir Gewalt fördern. Gott will zuerst Gewaltfreiheit und Mitgefühl und Versöhnung, erst dann wird er unsere Gaben am Altar annehmen. Für Jesus gibt es keinen wahren Gottesdienst ohne Gerechtigkeit, Versöhnung, Friedenschließen und die Wiederherstellung der menschlichen Gemeinschaft.

Man beachte auch, dass Jesus nicht dafür eintritt, dass wir unseren Zorn unterdrücken. Im Gegenteil fordert er, das wir uns aktiv mit ihm beschäftigen und ihn eindringlich angehen. Seine Auflösung ist noch wichtiger als unser Gottesdienst. Er verlangt von uns, dass wir uns jetzt sofort mit unserem Zorn und unserer Gewaltbereitschaft auseinandersetzen, dass wir sofort Schritte unternehmen, um uns denen zuzuwenden, die wir verletzt haben, und dass wir das zu unserem vorrangigen Ziel machen.

Gandhi las, so heißt es, diese Worte mehr als vierzig Jahre lang jeden Morgen und jeden Abend. Er sagte, die Bergpredigt enthalte die besten Lehren über Gewaltfreiheit in der gesamten Literatur der Menschheit. Da er ein Mensch der Gewaltfreiheit sein wolle, müsse er regelmäßig darin lesen, da sie ein zuverlässiger Ratgeber sei. Nachdem ich das erfahren hatte, las ich die Bergpredigt öfter und lehrte sie. Mit der Zeit bemerkte ich, wie genau Jesu Lehren sind. Sie bilden einen Katechismus der Gewaltfreiheit, den besten Leitfaden zum Frieden. Gandhi bezog jeden Satz auf sich und versuchte, ihm gemäß zu handeln. Eben das will Jesus von uns allen.

„Durch bittere Erfahrung habe ich diese eine besonders wichtige Lektion gelernt: mir meinen Zorn aufzubewahren", schrieb

Gandhi gegen Ende seines Lebens, „und als aufbewahrte Hitze wird er in Energie umgewandelt. Wenn wir unseren Zorn kontrollieren, kann er in eine Macht verwandelt werden, die die Welt bewegen kann."

„Nicht dass ich nicht zornig würde", fuhr er fort, „doch ich lasse meinem Zorn nicht freien Lauf. Ich pflege Zornlosigkeit als eine Eigenschaft der Geduld und im Allgemeinen gelingt es mir. Ich kontrolliere meinen Zorn, aber nur, wenn er in mir aufsteigt. Wie es mir möglich ist, den Zorn zu kontrollieren, kann ich nicht erklären, denn das ist eine Gewohnheit, die jeder selbst durch ständige Übung entwickeln und der er schließlich eine Form geben muss."

Während der sich lange hinziehenden Arbeit für Frieden und Gerechtigkeit versorgt uns Zorn nicht mit der notwendigen Kraft. Für kurze Zeit mag er uns allerdings dazu motivieren, uns zu beteiligen und aktiv zu werden. Er kann aber auch die Glut der Gewalt in unserm Innern anfachen und uns daran hindern, unsere Gewaltfreiheit zu vertiefen. Dieses Spiel haben wir in den letzten Jahrzehnten gesehen, als Tausende zorniger Aktivisten auf die Straße gingen, riefen und schrien – sowohl in den Antikriegsdemonstrationen der 1960er Jahre als auch bei einigen der Demonstrationen des Arabischen Frühlings. Jahre von Wut und Zorn führen schließlich zur völligen Verausgabung. Dann geben die Menschen auf und gehen ihrer Wege.

Stattdessen brauchen wir engagierte gewaltfreie Aktivisten, die in der ihnen noch verbleibenden Lebenszeit für Gerechtigkeit und Frieden kämpfen werden. Eben das lehrt Jesus. Er versucht, uns so zu formen, dass wir unser Leben lang aktive Gewaltfreiheit ausüben.

Nach fünfunddreißig Jahren als Aktivist, weiß ich, dass mir die Welt, je mehr ich über sie erfahre, umso schlimmer erscheint. Ich kann leicht in Wut geraten und ihren Auswirkungen – Benommenheit, Depression und Verzweiflung – verfallen. Was kann ich dagegen tun? Ich möchte nicht alle meine Lebenstage im Zorn verbringen. Das ist gar kein Vergnügen. Das ist nicht lebensspendend. Und damit stiftet man ganz gewiss keinen Frieden. Aus diesem Grund bin ich daran interessiert, Jesus beim Wort zu nehmen und mich auf die Gewaltfreiheit seiner Bergpredigt einzulassen.

Und ich denke über die großen Friedensstifter nach. Einige habe ich kennengelernt: Mutter Teresa, Dom Helder Camara, Mairead Maguire, Daniel Berrigan und Thich Nhat Hanh. Mir ist klar, dass sie keine Menschen des Zorns, sondern des Friedens und der Freude sind. Nach allen Berichten waren auch Gandhi und King keine zornigen Menschen. Sie lachten jeden Tag, erzählten viele Witze und waren für ihre Freude bekannt, auch wenn sie Todesdrohungen bekamen und schließlich ihr Leben für den Kampf hingaben. Die Sängerin und Aktivistin Joan Baez sagte, Dr. King sei der witzigste Mensch gewesen, dem sie je begegnet sei. Humor ist das Merkmal eines Menschen, der die Lektionen der Bergpredigt gelernt hat.

Ist es möglich, dass man seinen Zorn aufbewahrt, um sein Leben lang für Gerechtigkeit und Frieden zu kämpfen, aber dies aus einer Einstellung der Liebe und des Friedens heraus? Ich denke, ja. Ich denke, Jesus hätte diese Lehre nicht gegeben, wenn ihre Befolgung unmöglich wäre. Ich weiß, dass alles möglich ist, wenn ich bei meiner täglichen Friedensgebetsübung bleibe und Gottes Zusage ehre, ich sei sein geliebter Sohn. Auch das Entwickeln von innerem Frieden, innerer Freude und Gewaltfreiheit ist möglich. Deshalb empfehle ich mit Gandhi, dass wir eine neue Art „Zornlosigkeit" und revolutionäre Geduld, unerschütterliche Gewaltfreiheit, leidenschaftliches Friedensstiften und ständiges Mitgefühl mit allen entwickeln. In diesem Geist inneren Friedens setzen wir unseren Kampf um Abrüstung und Gerechtigkeit fort.

Selig die Trauernden

Doch Jesus überrascht uns noch mehr. So wie er uns drängt, die beiden üblichen Gefühle Furcht und Zorn aufzubewahren, so empfiehlt er uns noch zwei weitere Gefühle, über die man in der heutigen Kultur des Krieges selten spricht: Trauer und Freude. Er empfiehlt uns, Tag für Tag Trauer und Freude zu erleben. Eben das haben mich der Dalai Lama und Erzbischof Tuto gelehrt. Als Menschen der Trauer und der Freude sind sie Beispiele für das gewaltfreie Leben.

Ein Mensch der Gewaltfreiheit sieht jeden Menschen auf dem Planeten als seine Schwester oder seinen Bruder an. Das bedeutet: Jeder Einzelne von uns hat mehr als sieben Milliarden Geschwister! Das ist die Wahrheit unserer Realität, die spirituelle Vision des Friedens. Aber in einer Welt, in der dreißig Kriege täglich geführt werden, in der Milliarden Menschen hungern und täglich Zehntausende an Hunger und von Hunger verursachten Krankheiten sterben, da sind wir, die wir uns um die menschliche Familie Sorgen machen, im Schockzustand. Wir trauern um alle, die durch Armut und Krieg sterben. Allein im letzten Jahrhundert starben mehr als 100 Millionen Menschen im Krieg. Wir trauern um sie. Wir leben in beständigem Leid wegen der fortgesetzten Waffengewalt, der Massaker, der terroristischen Anschläge, der Drohnenangriffe, der Ausbreitung von Krankheiten, der übergreifenden Bedrohung durch Atomwaffen und des zur Katastrophe führenden Klimawandels. Wir trauern um die Toten.

Jesus lehrt uns, uns der Notwendigkeit zu trauern bewusst zu werden; wir sollen Trauer und Klage zu einer täglichen bewussten Übung machen. Indem wir das tun, beschäftigen wir uns mit der Realität und finden die Kraft dazu, in liebevoller gewaltfreier Aktion voranzugehen. Die Aktionen, die wir unternehmen, kommen nicht aus dem Zorn, sondern von unserem Mitgefühl und davon, dass wir Anteil am Leid anderer nehmen.

Das ist das genaue Gegenteil von dem, was uns die Kultur des Krieges lehrt: „Seid nicht betrübt. Trauert nicht. Weint nicht", sagt man uns. Zwei Wochen nach den Terroranschlägen vom 11. September 2001 versuchte Präsident George W. Bush die sich ausbreitende Bewegung nationalen Leidens und Mitgefühls zu beenden: „Geht einkaufen", erklärte er. Trauert nicht, sondern gebt Geld aus. Das ist die Botschaft der Welt des Geldes, des

Krieges und des Imperiums. Und sie ist durchaus verständlich: Wenn Menschen die Millionen Menschen, die leiden und sterben, nicht als ihre Geschwister erkennen, warum sollten sie dann um sie trauern? Warum verzweifelt sein? Einem, der nicht an den Gott des Friedens und der Liebe glaubt, erscheint das Leben sinnlos. „Warum sich mit Trauern abgeben? Geht einkaufen, lasst die Puppen tanzen, das Leben hat keinen anderen Sinn", sagen die Kultur des Krieges und ihre Sprecher. Es gibt kurze Trauerphasen für Nordamerikaner, die gestorben sind, aber kein fortwährendes Trauern um die zahllosen Geschwister in aller Welt, die unnötig gestorben sind. Nur Menschen der Gewaltfreiheit, der Liebe und des Mitgefühls trauern. Diejenigen, die Gewalt, Töten und Krieg unterstützen, entmenschlichen andere und deshalb trauern sie nicht.

Der gewaltfreie Jesus beginnt in den Seligpreisungen sein ganzes Programm der Gewaltfreiheit mit dem Aufruf, „arm vor Gott" zu sein und zu trauern. Er sagt: „Selig die Trauernden; denn sie werden getröstet werden." Friedenstiften beginnt also mit Trauer. Friedensstifter nehmen sich Zeit fürs Trauern. Ich habe Freunde, die seit Langem gewaltfreie Friedensaktivisten sind und die sich regelmäßig eine stille Meditationszeit nehmen, um zu sitzen und über Leiden und Tod der Armen und derer, die wir getötet haben, und über unseren Umgang miteinander und mit der Schöpfung zu trauern. Sie klagen und weinen, und wenn sie getrauert haben, gehen sie hinaus, um öffentlich für Abrüstung, Gerechtigkeit und Frieden einzutreten.

Das muss die allgemeine Übung aller derer sein, die ein gewaltfreies Leben führen wollen. Trauer muss zu unserer täglichen Meditation gehören. Trauer muss für uns zu einer Lebensweise werden. Für die Millionen Verarmten in der „Dritten Welt" – von El Salvador bis Chile, Malawi, Südafrika, Indien und den Philippinen – ist das eine gewohnte Übung. Die indigenen Völker der Welt haben seit langem eine Praxis des Trauerns. Aber die Wohlhabenden der „Ersten Welt" wissen nicht – am wenigsten die Nordamerikaner –, wie man trauert. Sie denken, das wäre eine krankhafte Übung. Tatsächlich ist es aber ein Weg, der zu Heilung und Tröstung führt; das leben uns die vor, die sich um die Menschheitsfamilie und die Erde sorgen.

Wir fühlen uns angesichts des weitverbreiteten Leidens, der täglichen Gewalt und der globalen Zerstörung ganz hilflos und ohnmächtig. Wenn wir uns täglich Zeit nehmen, über das Leiden und den Tod unserer Geschwister zu trauern, wenn wir die Gewalt um uns und in uns und die Zerstörung der Erde betrauern, werden wir einen neuen heilenden Frieden und eine neue Kraft dafür entdecken, auf dem Weg der Gewaltfreiheit weiterzugehen, und wir werden alles tun, was wir können, um Menschen das Leiden zu erleichtern und die Schöpfung zu bewahren. Das ist eines der Versprechen des gewaltfreien Jesus: „denn sie werden getröstet werden".

Wenn wir nicht trauern, dann zeigt das, dass wir uns weder um unsere Geschwister noch um die Schöpfung sorgen. Wenn wir nicht trauern, erweisen wir uns als unmenschlich und nicht gewaltfrei. Die Übung des Trauerns ermöglicht dem Mitgefühl in uns zu atmen und sich zu strecken und die Möglichkeiten der weltumspannenden Liebe in unserem Inneren und unter uns können wachsen. Wenn wir lernen, regelmäßig zu trauern, wie Jesus empfiehlt, werden wir zu unserer gemeinsamen Menschlichkeit erwachen, wir werden unsere Herzen erweitern, unser Mitgefühl vergrößern und neue Horizonte des Friedens entdecken. Wir werden wie er Menschen der echten, alles umfassenden, weltumspannenden Gewaltfreiheit.

„Freut euch und jubelt"

Aber die gute Nachricht ist, dass Jesus uns nicht in der Trauer sitzen lässt. Er fordert uns auf, uns zu freuen! Auch das ist ein unvorstellbarer Gedanke für die meisten Nordamerikaner, die im Zorn und in einer Angstkultur der Gewalt und des Krieges verwurzelt sind. Jesus lehrt diejenigen, die für Gerechtigkeit und Frieden kämpfen, eindeutig, Freude zu entwickeln, und sich besonders zu freuen, wenn sie – und das geschieht tagtäglich – wegen ihrer Arbeit für Gerechtigkeit und Frieden in Schwierigkeiten geraten. „Selig, die hungern und dürsten nach der Gerechtigkeit", lehrt Jesus in den Seligpreisungen. „Selig, die Frieden stiften. Selig, die verfolgt werden um der Gerechtigkeit willen. Selig seid ihr, wenn man euch schmäht und verfolgt und alles Böse über euch redet um meinetwillen: Freut euch und jubelt."

Bei Lukas ist das Gebot sogar noch unerhörter: „Freut euch und jauchzt (engl. *leap* = hüpfen) an jenem Tag". In anderen Worten: fangt zu tanzen an!

Ich denke, alle, die für Gerechtigkeit und Frieden arbeiten, sollten von Freude erfüllt sein und regelmäßig tanzen. Ich sage das, weil alle, die in einer Welt struktureller Ungerechtigkeit und andauernden Krieges für Gerechtigkeit und Frieden arbeiten, ständig Verfolgung, Bedrängnis und vielerlei Schwierigkeiten ausgesetzt sind. Der gewaltfreie Jesus drängt uns, diese Zwangslage umzudrehen und sie zu einem Grund zur Freude zu machen. Wir provozieren eine Reaktion. Der Sieg von Gerechtigkeit und Frieden steht bevor. Fasst Mut, freut euch, springt auf, tanzt und feiert! Das ist die Haltung des Dalai Lama, Erzbischof Tutus, der irischen Friedensnobelpreisträgerin Mairead Maguire, Gandhis und Kings. Diese großen Friedensstifter sind Menschen, die immerfort Verfolgung und Bedrängnis ausgesetzt sind oder waren, das heißt so viel wie: Sie sind Menschen voll großer Freude.

„Freude liegt im Kampf", sagte Gandhi einmal, „im Versuch, im dazu gehörenden Leiden, nicht im Sieg an sich."

Wie fördern wir Freude? Wie können wir als gewaltfreie Aktivisten Raum für Freude schaffen? Wenn wir Jesu Lehre folgen, können wir zuerst an alle die Zeiten denken, in denen wir für unsere Arbeit für Frieden und Gerechtigkeit in Schwierigkeiten geraten sind. Wie haben wir reagiert? Wurden wir zornig, waren wir deprimiert oder verzweifelt? Wie hätten wir stattdessen mit Freude, mit Liebe reagieren können? Wir alle können über die Zeiten der Freude in unserem Leben nachdenken und besonders darüber, wie wir reagieren, wenn wir mit politischen Konsequenzen unserer öffentlichen Friedensarbeit konfrontiert wurden. Ich höre, wie Jesus uns drängt, wir sollen freudig sein, Freude in unserem Innern empfinden und Freude am Leben haben. Selbst wenn wir den schlimmsten Ungerechtigkeiten gegenüberstehen, wenn wir auf die Macht des Imperiums blicken und wenn wir die schlimmste Zurückweisung und Verlassenheit, ja selbst Einkerkerung erdulden, können wir eine Freude im Innern aufrechterhalten, die uns die Macht des Todes niemals nehmen kann.

Noch einmal: Ich glaube, dass die innere Freude von der täglichen Erfahrung kommt, in inniger Liebe beim Gott des Friedens zu verweilen. Wir berühren den Himmel des Friedens und der Freude, der uns alle erwartet. Wenn also der Kampf auch schwierig ist, wenn wir auch große Trauer empfinden und unsere Lasten schwer sind, so kennen wir doch eine tiefe innere Freude, die das Leben lebens- und verteidigungswert macht. Wir wissen, wir gehen auf die Auferstehung zu, an einen neuen Ort ohne Gewalt und Krieg, ja sogar ohne Tod. Wir vertrauen darauf, dass die Gewaltfreiheit mit dem auferstandenen Christus immer den Sieg davontragen wird. Deshalb gehen wir mit erfülltem Herzen vorwärts und arbeiten, um Krieg, Gewalt und Ungerechtigkeit zu beenden, und verkünden die Ankunft von Gottes Reich der Gewaltfreiheit.

Für ein Leben in Gewaltfreiheit empfehlen uns Jesus, Gandhi und die großen Friedensstifter: Lasst Furcht und Zorn los und entwickelt stattdessen Trauer und Freude. Dadurch werden wir menschlicher, friedlicher, mitfühlender und liebevoller. Diese Empfehlungen mögen idealistisch, utopisch und unrealistisch sein, aber wenn wir die Alternativen von Gewalt, Zorn, Hass, Bitterkeit und Verzweiflung im Innern betrachten, wird uns klar, dass diese Lehren beherzigenswert sind.

Abschließend lehrt Jesus, wir sollten wie Kinder werden, wenn wir Gottes Friedensreich betreten wollen. Kinder benutzen keine Gewehre und weder vernichten sie andere noch bauen sie Atomwaffen. Sie leben im gegenwärtigen Augenblick des Friedens, nehmen ihre Gefühle wahr, lächeln liebevoll und lachen und freuen sich. Menschen der Gewaltfreiheit werden umso kindlicher, je älter sie werden, wie ich in meiner Begegnung mit dem Dalai Lama und Erzbischof Tutu erfahren habe. Dieser Weg liegt vor uns allen: kindliches Staunen, bedingungslose Liebe und grenzenlose Freude. Das sind die Segnungen eines gewaltfreien Lebens.

5. SICH DAFÜR ENTSCHEIDEN, MIT SICH UND MIT DEM GOTT DES FRIEDENS IN FRIEDEN ZU LEBEN

Schließlich und endlich ist Gewaltfreiheit eine besondere Lebensweise, ein Weg, den man bewusst geht. Bevor wir zur zweiten und dritten Dimension des Lebens der Gewaltfreiheit weitergehen, lade ich euch ein, liebe Leser und Leserinnen, eine Pause einzulegen und mit mir gemeinsam zu beschließen, dass wir von nun an, komme, was da wolle, im Frieden mit uns selbst und dem Gott des Friedens leben.

Wir wollen uns bewusst dafür entscheiden, von heute an gewaltfrei mit uns selbst umzugehen, damit wir gewaltfreier gegen andere werden. Wir wollen auf unsere Identität als geliebte Söhne und Töchter des Gottes des Friedens Anspruch erheben, die inneren mystischen Tiefen des Friedens anfüllen und den politischen und öffentlichen Frieden, den wir suchen, auf alle ausstrahlen.

Wir wollen uns selbst versprechen, dass wir von nun an in unserem Innern weder Gewalt nähren noch zur Gewalt der Welt beitragen werden, sondern wir wollen die kurze Zeit, die uns auf Erden bleibt, zu liebevollen Menschen der Gewaltfreiheit werden, zu den Menschen, die zu sein, wir geschaffen wurden. Wir wollen bewusst Weg und Weisheit der Gewaltfreiheit in der Hoffnung verbreiten, dass die Welt eines Tages zu einem Ort von Gewaltfreiheit, Gerechtigkeit und Frieden werden möge.

Von jetzt an wollen wir zu den Menschen werden, die wir sein sollten und die wir bereits sind – so wie Gandhi, King und

Day: Menschen der liebevollen, aktiven, persönlichen und öffentlichen Gewaltfreiheit.

Dies ist eine Entscheidung, die zu treffen, es wert ist, ein Weg, den zu gehen, es wert ist, ein Versprechen, das zu halten, es wert ist, eine gute Möglichkeit, das einem noch verbleibende Leben zuzubringen. Dies ist, liebe Freunde, eine beherzigenswerte Einladung.

Warum sollten wir auch nur noch einen Augenblick länger im Graben der Gewalt festsitzen und, indem wir uns passiv verhalten, mit der Kultur der Gewalt und des Krieges gemeinsame Sache machen? Wir wollen ein neues Leben beginnen und wir wollen jeden Tag, der uns noch bleibt, im Heiligen Geist der Gewaltfreiheit anfangen und beenden.

Wenn wir wollen, können wir uns dafür entscheiden, im Frieden mit uns selbst zu leben, den Frieden in unserem Innern zu entwickeln. Diese Entscheidung können wir jeden Tag neu treffen. Mit der Zeit wird es immer leichter, sich für ein Leben in Frieden zu entscheiden. Wenn wir die Gewalt in unserem Innern loslassen und Frieden im Innern entwickeln, hören wir damit auf, unsere Gefühlsschwankungen, unsere gewalttätigen Tendenzen, die Vorurteile der Kultur, berechtigten Zorn oder verzweifelte Ängste weiterhin zu nähren. Wir erhalten einen stetigen Frieden, ja sogar eine feste Grundlage dafür. Wir werden zu einem Felsen des Friedens. Wenn das geschieht, beruhigt allein unsere Anwesenheit andere Menschen. Während andere erschrocken und gewalttätig kreischen und schreien, bleiben wir gewaltfrei, friedlich und haben unsere Mitte im Gott des Friedens.

Dementsprechend entscheiden wir uns dafür, mit dem Gott des Friedens Frieden zu schließen. Es gibt Millionen Gründe, eure Ortskirche oder eure verfasste Religion zu verlassen, aber Gott bleibt friedlich, liebevoll und gewaltfrei und er ist unserer Aufmerksamkeit, unseres Suchens und unseres Lobes wert. Wir müssen nicht das Kind mit dem Bade ausschütten. Mehr denn je können wir, die wir in der Kultur von Krieg und Gewalt feststecken, den Gott des Friedens suchen, uns Gottes Gegenwart öffnen und auf Gottes Wort liebevoller Bestätigung hören. Wir können uns an unsere Höhere Macht wenden, Gott bitten, unsere Herzen zu entwaffnen, und Gottes Geschenk des Friedens freudig annehmen. Wir können versuchen, Gottes Friedenswillen zu erfüllen, wir können Gottes Wort des Friedens ernst nehmen und zur Welt des Krieges Gottes Wort des Friedens sprechen. Wir können im Licht und im Frieden des Gottes des Friedens leben, wenn wir das wollen. Wir müssen nicht in der Dunkelheit der Gewalt und der Kultur des Krieges stecken bleiben. Wenn wir wollen, können wir die Wahrheit der Gewaltfreiheit entdecken, die Jesus gelehrt und die die großen Friedensstifter gelernt haben. Wir können unsere Herzen und Leben dem Gott des Friedens unterwerfen und das ewige Leben des Friedens beginnen – noch heute.

Dies ist eine weitere schöne Entscheidung, die wir in schlechten Zeiten treffen können: mit dem Gott des Friedens Frieden schließen. Wenn wir das tun, empfangen wir viele neue Segnungen des Friedens.

Diese Entscheidungen mögen einige Veränderungen in unserem Leben verlangen. Wir müssen überprüfen, wie wir leben, was wir tun, welche Gewohnheiten wir haben, was uns dazu veranlasst, mit uns unzufrieden zu sein, und was uns friedlicher werden lässt. Wir müssen neue Schritte unternehmen, um uns friedlicher zu fühlen und friedlicher zu werden. Wenn wir mit anderen Frieden schließen wollen, müssen wir die Mühe der Entwaffnung in unserem Innern auf uns nehmen, lernen, mit uns selbst und dem Gott des Friedens in Frieden zu sein, und die Gewaltfreiheit in unserm Innern kultivieren, damit wir nicht weiterhin Gewalt in der Welt verbreiten.

Ich lade uns ein, täglich eine gute Zeit in stiller Meditation mit dem Gott des Friedens zu verbringen, Gott kennenzulernen, zuzulassen, dass Gott uns bedingungslos liebt, und uns in diesen liebevollen Gott zu verlieben. Wenn wir still im göttlichen Frieden dasitzen, können wir die Gewalt in unserem Innern loslassen, wir können ein Verhalten, das uns schadet, beenden, unsere Gewalttätigkeit Gott übergeben, den Prozess der inneren Entwaffnung zulassen und im Frieden Gottes verweilen. Wenn wir unsere Anspannung lockern, Furcht, Groll und Zorn loslassen und unsere Verluste und den Tod der Armen betrauern, schaffen wir damit Raum für Freude, lassen zu, dass sich unsere Herzen weiten, und dehnen unser Mitgefühl aus, um die ganze Menschheitsfamilie zu umarmen. Wir öffnen unsere Herzen dem Geist Gottes und geben Gott die Erlaubnis, uns bei der heilbringenden Arbeit an Entwaffnung, Gerechtigkeit und Gewaltfreiheit einzusetzen. Das Leben ist kurz. Die Welt ist voller Gewalt und Krieg. Wir können uns dafür entscheiden, die Zeit, die uns auf Erden bleibt, in Frieden und Gewaltfreiheit gegen uns, alle anderen und die Schöpfung zuzubringen. Um eher Frieden mit anderen zu schließen und um Gewaltfreiheit gegen andere zu üben, wollen wir den Frieden und die Gewaltfreiheit in unserem Innern weiterentwickeln. Es ist keine Leistung, es ist eine Reise, eine lebenslange schöne Reise voller Segnungen und Gnaden, die uns zuteilwerden, wenn wir darum bitten.

Ein großartiges Ergebnis unserer inneren Reise in Gottes Frieden wird sein, dass wir fähiger werden, allen, die wir bereits kennen und die wir noch kennenlernen werden, in gewaltfreier Weise entgegenzutreten. Darum geht es in der zweiten Dimension der Gewaltfreiheit, der wir uns als nächster zuwenden.

FRAGEN ALS ANSTOß
FÜR PERSÖNLICHE ÜBERLEGUNGEN
UND FÜR GESPRÄCHE IN KLEINGRUPPEN

- Wie definiert ihr Gewaltfreiheit? Was an der Gewaltfreiheit fordert euch heraus?
- Inwiefern geht ihr mit euch selbst gewalttätig um?
- Wie setzt ihr euch herab, wie verletzt ihr euch, wie kultiviert ihr Gewalt in euerm Innern und wie erhaltet ihr Gewalt, Groll und Hass in euerm Innern aufrecht?
- Wollt ihr Gewaltfreiheit und Frieden in euerm Innern kultivieren? Wie könnt ihr gewaltfreier gegen euch selbst werden? Was veranlasst euch dazu, gewalttätig gegen euch selbst zu sein, und auf welche Weise könnt ihr euch in eurem Innern von der Gewalt lösen und auf Gewaltfreiheit zubewegen?
- Denkt über eure ganze Lebensreise hinsichtlich Gewalt und Gewaltfreiheit nach. Was erfahrt ihr dabei über euch selbst?
- Wo in euerm Leben hat Gott seinen Platz? Welche Erfahrung habt ihr mit dem Gott des Friedens gemacht? Welches Bild habt ihr von Gott? Auf welche Weise ist Gott ein Gott des Friedens und der Gewaltfreiheit? Wie könnt ihr mit dem Gott des Friedens Frieden schließen? Was geschieht, wenn ihr im Frieden Gottes lebt? Wie habt ihr den Frieden und die Gewaltfreiheit Gottes erfahren? Wann habt ihr Gott euch „meine geliebte Tochter" und „mein geliebter Sohn" nennen hören? Wie viel gute Zeit nehmt ihr euch täglich mit dem Gott des Friedens?
- Wie könnt ihr es einrichten, dass ihr täglich mehr Zeit mit Gott zubringt?
- Was bedeutet es für euch, Friedensstifter, geliebte Töchter oder Söhne des Gottes des Friedens zu sein und alle lebenden Menschen als eure geliebten Geschwister anzusehen? Wie entwaffnet Gott eure Herzen und wie gibt er euch Frieden? Wollt ihr Gottes Frieden geschenkt bekommen?

– Auf welche Weise ist Jesus gewaltfrei und was hat der gewaltfreie Jesus euch heute über euer Herz und euer Leben zu sagen? Auf welche Weise lädt er euch ein, gewaltfreier, friedlicher und liebevoller zu werden? Wie könnt ihr so gewaltfrei und friedlich wie er werden? Wie könnt ihr seinen Lehren über Gewaltfreiheit in der Bergpredigt immer mehr folgen? Wie lebt ihr die Seligpreisungen und wie folgt ihr dem Gebot der Feindesliebe gegenüber den Feinden eurer Nation?

– Wovor habt ihr Angst und wie könnt ihr eure Ängste loslassen und in Richtung Furchtlosigkeit, Liebe und Frieden fortschreiten? Was macht euch zornig, verbittert oder gewalttätig? Auf welche Weise könnt ihr euern Zorn, euern Ärger und eure Verbitterung immer mehr loslassen, in Richtung Heilung eurer Wunden fortschreiten, denen vergeben, die euch verletzt haben, euch denen zuwenden, die ihr verletzt habt, und wie könnt ihr versuchen, euch immer mehr zu versöhnen? Welche konkreten Schritte könnt ihr unternehmen, um „Zornlosigkeit", Geduld, Liebe und Mitgefühl weiterzuentwickeln?

– Auf welche Weise können wir unsere Verluste und den Tod unserer Geschwister in aller Welt betrauern? Wie können wir die Trauer zu einer täglichen kontemplativen Friedensübung machen? Auf welche Weise führt bewusstes Trauern zum Trost und zu neuer Energie, für Gerechtigkeit und Frieden einzutreten?

– Wie können wir auf Zurückweisung und Verfolgung wegen unserer Arbeit für Frieden und Gerechtigkeit mit Freude und Fröhlichkeit reagieren? Wie können wir in unseren Herzen und Leben mehr Raum für Freude schaffen und lernen, uns über unsere Arbeit für Gerechtigkeit und Frieden zu freuen?

– Wie können wir uns entschließen, von nun an bis an unser Lebensende gewaltfreier mit uns umzugehen? Was müssen wir verändern, um hier und jetzt gewaltfreier zu werden und anderen gegenüber Gewaltfreiheit zu üben?

- Wie können wir bis an unser Lebensende ein ernsthaftes Engagement für den Weg und die Weisheit der aktiven Gewaltfreiheit beweisen?
- Was müssen wir tun, um die Menschen des Friedens zu werden, die wir gerne sein wollen?

Zweiter Teil

Gewaltfreiheit gegenüber allen anderen

Gewaltfreiheit bedeutet: Vermeiden einer Verletzung durch Gedanken, Wort oder Tat von allem und jedem auf der Erde.

GANDHI

Im Zentrum der Gewaltfreiheit steht das Prinzip Liebe. Wenn wir Hass und Erbitterung mit Hass und Erbitterung erwidern, verstärken wir den Hass in der Welt nur noch mehr. Auf unserem Lebensweg müssen wir so vernünftig und moralisch sein, dass wir den Teufelskreis des Hasses durchbrechen. Das kann nur dadurch geschehen, dass wir die Ethik der Liebe ins Zentrum unseres Lebens stellen. Agápe (griechisch: Liebe) bedeutet verständnisvolles, erlösendes Wohlwollen für alle Männer und Frauen, eine überströmende Liebe, die nicht das Ihre sucht. Es ist die Liebe Gottes, die im Leben von Männern und Frauen wirkt. Wenn wir auf der Agápe-Ebene lieben, lieben wir Männer und Frauen nicht, weil wir sie mögen, nicht wegen ihrer Haltungen oder aufgrund dessen, wie anziehend sie uns erscheinen, sondern weil Gott sie liebt. Wir kommen so zu der Einstellung, dass wir den Menschen, der Böses getan hat, lieben, während wir die Tat, die er begangen hat, hassen.

MARTIN LUTHER KING, JR.

Da wir nun einmal in einer Notzeit leben und mit Menschen verschiedener Rassen und verschiedener Bekenntnisse zu einer Gemeinschaft zusammengedrängt werden, lasst uns versuchen zu denken, wir seien eine Gemeinschaft. Lasst uns in Frieden leben, dann sind wir eine kleine Oase des Friedens in einer vom Krieg zerrissenen Welt. Lasst uns weder verbittert sein noch einen Klassenkampf führen, damit wir stattdessen Kraft für die Arbeit für Gerechtigkeit und Liebe sammeln können. Lasst uns gemeinsam füreinander und für die ganze Welt beten, ganz gleich, woran jeder Einzelne von uns glaubt.

DOROTHY DAY

6. ZWISCHENMENSCHLICHE GEWALTFREIHEIT
GEWISSENHAFT ÜBEN

Unsere Kultur der Gewalt hat uns ebenso wie alle anderen auch einer Gehirnwäsche unterzogen, der zufolge wir einen bewaffneten Frieden durch Gewalt anstreben und auf Gewalt mit weiterer Gewalt reagieren. Es ist der Lauf der Dinge: „Auge um Auge, Zahn um Zahn". Aber, wie Gandhi sagt, dieses Prinzip macht uns alle blind und zahnlos – wenn es uns nicht sogar tötet. In der Bergpredigt spricht Jesus besonders diesen Teufelskreis der Gewalt an und gebietet uns, aus diesem Kreis dadurch auszubrechen, dass wir uns weigern, zur Vergeltung weitere Gewalt anzuwenden. „Ich aber sage euch: Leistet dem, der euch etwas Böses antut, keinen [gewaltsamen][1] Widerstand". Liebe zum Nächsten, zu sich selbst und zum Feind war Jesu Gegenmittel. Diese Gebote der Gewaltfreiheit binden jeden Christen an den Weg des Friedens. Von nun arbeiten wir nicht mehr mit der abwärts führenden Spirale der Gewalt und mit der Kultur der Gewalt an sich zusammen. Wir sind Menschen der Gewaltfreiheit, die sich mit aktiver, freigiebiger, weltumfassender Liebe nach außen wenden, und wir gehen der Gewalt nicht in die Falle. Wir versuchen in jedem Augenblick, in jeder Situation und allen gegenüber gewaltfrei zu handeln. Das ist unsere Spiritualität, unsere Lebensweise bis zum Tod.

Jesus bietet besondere Beispiele dafür an, wie man mit kreativer Gewaltfreiheit auf Gewalt reagieren kann. Sein Leben zeigt uns eine große Vielfalt von gewaltfreien Reaktionen auf Gewalt und es zeigt uns auch, wie wir alle Menschen lieben können, indem wir Partei für Ausgestoßene und Bedürftige ergreifen. Beständig provoziert er, tritt in der Öffentlichkeit kühn und liebevoll mutig auf. Dieser Jesus ist ein Ruhestörer, einer, der die Kul-

---

[1] Das griechische Wort in Mt 5,39 (*antistenai*) bezeichnet den gewaltsamen Widerstand, dies hat der Neutestamentler Walter Wink sehr überzeugend herausgearbeitet (vgl. Walter WINK, Verwandlung der Mächte. Eine Theologie der Gewaltfreiheit, Regensburg 2014, 91). John Dear übernimmt hier diese exegetische Position.

tur von Krieg und Gewalt stört. Er ist ein Revolutionär und Unruhestifter, aber er ist immer gewissenhaft gewaltfrei. Er bleibt gewaltfrei, weil sein Mittelpunkt seine innige Beziehung zu seinem geliebten Gott bleibt, weil er seine wahre Identität behauptet und seine Seele im Frieden bleibt. Er lädt uns ein, unsere innere Gewaltfreiheit und unsere Beziehung zum Gott des Friedens aufrechtzuerhalten und in die Kultur der Gewalt hinauszugehen, um uns dort gegen alle, denen wir begegnen, gewaltfrei zu verhalten.

Wie der Theologe Walter Wink in seinem Meisterwerk „Engaging The Powers: Discernment and Resistance in a World of Domination"[2] scharfsinnig beobachtet, sagt die Welt, es gebe angesichts von Gewalt nur zwei Handlungsmöglichkeiten: entweder weglaufen und nichts tun oder mit weiterer Gewalt reagieren. Wink schreibt, Jesus habe eine dritte Möglichkeit angeboten: weder laufen wir weg noch reagieren wir mit weiterer Gewalt, sondern wir halten stand und reagieren aktiv mit Gewaltfreiheit. Dabei bestehen wir auf der Wahrheit unserer gemeinsamen Menschlichkeit, lieben unseren Gegner und setzen Vernunft und Kreativität ein, um den betreffenden Menschen zu entwaffnen und die Gewalt zu verringern. Jesus bringt immer Frieden, während der Geist der Gewalt immer die Gewalt zu steigern sucht. Jesus besteht darauf, dass es Gottes Art und Weise ist, dass der Geist Gottes mit uns zusammenarbeitet, wenn wir versuchen, Gewalt mit Gewaltfreiheit aufzulösen, und dass diese Methode uns entwaffnen und zur Entwaffnung der Welt eingesetzt werden kann.

---

[2] Dieses Buch des amerikanischen Neutestamentlers Walter Wink ist Teil einer mehrfach preisgekrönten Trilogie über „Mächte und Gewalten": Naming the Powers. The Language of Power in the New Testament, Philadelphia 1984; Unmasking the Powers. The Invisible Forces That Determine Human Existence, Philadelphia 1986 und Engaging the Powers. Discernment and Resistance in a World of Domination, Philadelphia 1992. Teile dieser Trilogie hat WINK in sein auf Deutsch unter dem Titel „*Verwandlung der Mächte. Eine Theologie der Gewaltfreiheit*" vorliegendes Buch „The Powers That Be. Theology for a New millenium" (1999) aufgenommen.

Indem wir diese Methode der Gewaltfreiheit zu unserer Lebensweise machen, streben wir danach, mit jedem Menschen, den wir schon kennen oder den wir kennenlernen, im Rahmen des Evangeliums der Gewaltfreiheit in Beziehung zu treten. Wir erweisen jedem, dem wir begegnen, Respekt, Höflichkeit, Freundlichkeit, Empathie und Mitgefühl. Zumindest verhalten wir uns höflich und anständig und bestätigen mit unserem Verhalten die Würde eines jeden. Im Idealfall zeigen wir Liebe zu anderen und treten zu anderen im Geist von Gottes Frieden in Beziehung. Und wir verletzen niemanden. Wir schaden auch niemandem. Wir besitzen weder Gewehre noch andere Waffen. All unser Handeln, unsere Worte und Haltungen fließen aus einem positiven, freigiebigen Geist bedingungsloser Liebe, nehmen ihren Ausgang von einem Ort des Friedens in unserm Innern, von unserer Sendung zu Mitgefühl und Versöhnung, vom Weg und von der Weisheit des Evangeliums der Gewaltfreiheit.

Von jetzt an üben wir gewissenhaft Gewaltfreiheit gegenüber allen anderen.

Wir versuchen von nun an bis an unser Lebensende, uns allen gegenüber, denen wir im täglichen Leben begegnen, gewaltfrei zu verhalten. Wir arbeiten daran, uns unserer zwischenmenschlichen Gewaltfreiheit bewusst zu sein und auf sie zu achten und jedem auf dem Planeten und allen Geschöpfen und der Schöpfung selbst gegenüber bewusst eine Haltung der Gewaltfreiheit einzunehmen.

Ihr mögt sagen: Das klingt so, als wäre es leicht, aber es gibt ja einen Grund dafür, dass wir so gewalttätig sind! Gewaltfreiheit ist schwer, Gewaltausübung ist leicht. Wir sind an Gewalt gewöhnt. Sie ist so tief in uns verwurzelt, dass sie früher oder später immer ihr hässliches Haupt erhebt. Wir gehen mit ihr einher, weil sie unsere zweite Natur ist. Wir werden ständig provoziert und selten ermutigt, gewaltfrei zu sein.

Zwar ist Gewaltfreiheit hart, aber tatsächlich ist sie nicht ebenso hart wie Gewalt. Gewalt verletzt alle Beteiligten: ihre Opfer ebenso wie ihre Täter. Sie bringt alle möglichen Schmerzen: physische Verletzung und Tod, aber auch emotionalen, seelischen und spirituellen Schmerz. Sie führt nie zum Trost; den spendet allein der Heilige Geist. Sie führt immer zu Verzweiflung, Unmut, Groll, Bitterkeit und Schlimmerem.

Gewaltfreiheit dagegen verletzt den anderen nicht. Sie ist schwer auszuführen und es ist möglich, dass sie verlangt, dass wir bei unserem Verfolgen der Wahrheit mit Liebe – und ohne dass wir zu Gewalt greifen – Leiden annehmen, aber sie heilt schon, während sie wirkt. Sie verlangt Zeit und Geduld, aber sie führt immer zur Tröstung durch den Heiligen Geist. Sie kann zu neuer Hoffnung, Vergebung, Gerechtigkeit, Versöhnung und Verwandlung führen. Und dies zu erreichen, sollte immer unser Ziel sein.

Gewaltfreiheit
in unserem Umfeld

Als Menschen gewissenhafter zwischenmenschlicher Gewaltfreiheit werden wir zuerst einmal unseren Familien, unseren Ehepartnern, unseren Kindern, unseren Eltern und denen, die uns nahe sind, von jetzt an gewaltfrei begegnen. Die Tage häuslicher Gewalt, Misshandlung von Ehepartner und Kind und Eltern sind vorbei. Wir können nicht so tun, als wären wir gewaltfrei, wenn wir diejenigen, die um uns herum sind, verletzen.

Gandhi sagte einmal zu einem Aktivisten: Wenn du anfängst, Gewaltfreiheit zu üben, dann beeinflusst das nicht den König von England. Zuerst betrifft es die, die um dich herum sind: deine Familie und Freunde. Dort musst du mit deiner aufmerksamen zwischenmenschlichen Gewaltfreiheit anfangen.

Und darauf kommt es an. Gewaltfreiheit beginnt zu Hause: beim lange gehegten Groll gegen die Eltern wegen der Gewalt, die sie uns in unserer Kindheit angetan haben, bei Gefühlsverletzungen und Zorn auf den Ehepartner und beim Nerven aufreibenden Schreien des Babys, das unsere Geduld strapaziert. Gewaltfreiheit wird in unserer Nähe auf die Probe gestellt. Diese spannungsvollen Situationen geben uns die Möglichkeit, Gewalt-

freiheit zu üben und an mitfühlender Liebe zuzunehmen. Wir
können sie dazu nutzen, Gottes Gewaltfreiheit zu zeigen.

Wir besitzen die Werkzeuge der Gewaltfreiheit und in diesen
Augenblicken bekommen wir Gelegenheit, unsere Werkzeuge zu
benutzen. In diesen besonderen Situationen können wir lernen,
uns weder durch eine Gewalttat zu rächen noch uns der Gewalt
anderer widerspruchslos zu unterwerfen. Wir können mit Dialog, Zuhören, Anteilnahme, Gebet und allen möglichen gewaltfreien Mitteln experimentieren, um unseren Frieden aufrechtzuerhalten und immer gewaltfreiere Beziehungen zu schaffen.
Wenn wir ehrlich gewaltfrei sind, müssen wir besonders aufmerksam auf unsere Gefühle denen gegenüber sein, die um uns
herum sind, und wir müssen besondere Energie darauf verwen-
den, mit den Menschen um uns herum eine Gemeinschaft der
Gewaltfreiheit zu schaffen.

Wir müssen ernsthaft darüber nachdenken, wie wir gewaltfrei mit denen umgehen können, die uns am nächsten sind, besonders denen, die uns verletzt haben, und denen, die wir verletzt haben. Familien in den USA sind durch die Pest der Gewalt
in unserer Kultur so erschreckend zerrüttet, dass das keine leich-
te Aufgabe ist. In manchen Fällen kann es notwendig werden,
dass man sich von einer Familie, in der Gewalt ausgeübt wird,
zurückzieht, denn wir wollen ja ganz bestimmt nicht, dass die
Gewalt dominierender liebloser Verwandter unser Leben bestimmt oder uns davon abhält, mit der heilschaffenden Friedensarbeit weiterzukommen.

Jedenfalls müssen wir über unsere nahen Beziehungen innerhalb des Rahmens von Gewalt und Gewaltfreiheit nachdenken
und tun, was wir können, um die Gewalt zu mindern, die gewaltfreie Aufmerksamkeit zu mehren und in liebevoller Freundlichkeit und im Frieden zusammenzuwachsen. Wir wollen, dass
sich die Menschen um uns herum friedlich und geliebt fühlen;
unser Ziel sollte es sein, Beziehungen der Gewaltfreiheit in jedem Bereich unseres Lebens zu schaffen.

Insbesondere müssen wir allen Kindern um uns herum mit
bedingungsloser gewaltfreier Liebe, Ermutigung und Bestäti-

gung begegnen. Keine Gewalt, kein Schreien, kein Herabsetzen mehr. Die Zeit der Misshandlung von Kindern muss sofort beendet werden und wir nehmen diese Veränderung in Angriff. Wenn wir unsere Kinder lieben und ermutigen, sie Gewaltfreiheit lehren, indem wir ihnen ein Vorbild in Gewaltfreiheit sind, legen wir die Samen für eine künftige Generation des Friedens. Außerdem macht es Freude, Kinder und die, die wir lieben, glücklich zu machen. Und es ist tröstlich, ihnen zu zeigen und sie zu lehren, wie man gewaltfrei ist, und zu wissen, dass sie mit mehr Chancen für inneren Frieden und ein gewaltfreies Leben aufwachsen.

Ich habe diese Arbeit in vielen Familien in aller Welt gesehen, zum Beispiel bei Eltern, die Langzeitaktivisten waren, bei Familien mit kirchlichem Hintergrund und bei Familien von Flüchtlingen aus Salvador in Flüchtlingslagern. Das Ideal der bedingungslosen gewaltfreien Liebe in der Familie kann verwirklicht werden. Das erfordert Gespräche, Zusammenarbeit und Kompromisse, den Entschluss, Unstimmigkeiten und Meinungsverschiedenheiten im fortwährenden Gespräch zu bearbeiten, einem Gespräch, das auf die Art der Beziehung oder den Geist der Familie abgestimmt ist. Alles ist möglich, wenn wir einander dabei helfen, Gewaltfreiheit zu üben, und wenn wir einander bestätigen und ermutigen.

In ihrem großartigen Buch „Taking the War Out of Our Words: The Powerful Art of Non-Defensive Communication"[3] weist Sharon Ellison auf einige Möglichkeiten hin, gewaltfrei zu kommunizieren, indem man nicht-defensive Ansätze anwendet. Im Gegensatz zu dem, was sie „Kriegsmodell" der Kommunikation nennt, schlägt sie eine umwerfende Alternative vor. Im „Kriegsmodell" werden defensive Ansätze zum Selbstschutz und Machtkampf verwendet, um Ziele zu erreichen. Die meisten von uns wurden von Geburt an bewusst oder unbewusst so geschult, dass wir Konflikten mit Gegenangriffen, Unterwerfung oder Vermeidung entgegentreten. Dies, schreibt die Autorin,

---

[3] ELLISON, Sharon, Taking the War Out of Our Words: The Powerful Art of Non-Defensive Communication, Richmond: Bay Tree Publishing 2002.

„untergräbt unsere Fähigkeit, unsere Ziele zu erreichen, und verschafft uns viele unnötige Schmerzen im Leben".

Ellison gibt unseren typischen drei Kommunikations-Werkzeugen – Fragen stellen, Behauptungen aufstellen und Vorhersagen machen – einen neuen Rahmen und formt sie von Waffen der Kriegsführung in nützliche Werkzeuge um: Wir bemühen uns, genaue Informationen zu bekommen, wir sprechen klar und deutlich und wir schützen uns, indem wir anderen Verantwortung zusprechen. „Das Ergebnis ist, dass wir direkt und ehrlich, offen und transparent sein können, Integrität gewinnen und dabei gleichzeitig spontan sein" können, schreibt Ellison. „Es ist wahrscheinlicher, dass wir Mitgefühl mit anderen empfinden und gleichzeitig dazu fähig sind, klare Grenzen zu ziehen. Wir können einen Charakter aufbauen, der unsere Kreativität und unseren Erfolg vergrößert, und gleichzeitig andere dazu bringt, mehr Respekt und Fürsorglichkeit für uns zu zeigen." Ihr Buch ist eines von vielen Büchern, die uns Werkzeuge der gewaltfreien Kommunikation anbieten, sodass es uns leichter fällt, unsere Beziehungen gewaltfrei zu gestalten.

Dann sind da die Menschen an unserem Arbeitsplatz. Wenn wir gewaltfrei sein wollen, müssen wir unseren Lebensunterhalt mit einer Arbeit verdienen, durch die das Leben und nicht der Tod gefördert wird. Wir können nicht für das Militär oder einen Waffenfabrikanten arbeiten. An unserem Arbeitsplatz wollen wir dann fair, gerecht, nett und freundlich sein. Wir geben uns Mühe, bei der Arbeit mit allen gewaltfrei umzugehen, teamfähig zu sein und, während wir eine Arbeit tun, die anderen dient, unseren Mitarbeitern dabei behilflich zu sein, neue Tiefen des Friedens zu entdecken. Darum müssen wir Menschlichkeit, Dienst, Gewaltfreiheit und Gemeinwohl höher schätzen als Gewinn, Ego und Ehre. Wenn irgendein Aspekt unserer Arbeit im Widerspruch zu einem gewaltfreien Leben steht, müssen wir diese Arbeit aufgeben und zu einer Arbeit wechseln, die gewaltfrei ist und Leben fördert.

Wenn wir zu einer Kirche oder religiösen Gemeinschaft gehören, wollen wir unsere gewaltfreie Haltung auch dort allen gegenüber bewahren. Eine Kirche oder religiöse Gemeinschaft soll in erster Linie eine Gemeinschaft der Gewaltfreiheit sein. Angesichts der Gewalttätigkeit der Welt und des häufigen Schweigens der Kirche zu Krieg und Gewaltfreiheit müssen wir unsere Ortskirchen dabei unterstützen, gewaltfreier zu werden. Es hat keinen Sinn, dass wir jeden Sonntag in die Kirche gehen und uns Predigten anhören, in denen die Kriegsführung Amerikas und die persönliche Gier unterstützt werden, und danach die Kirche wütend oder noch tiefer in die Kultur der Gewalt eingetaucht verlassen. Das kirchliche Leben sollte uns gewaltfreier, liebevoller und friedlicher machen.

Wir müssen dazu beitragen, dass Kirchen zu Trainingsstätten für die Gewaltfreiheit des Evangeliums werden. Zu Orten, an denen wir gemeinsam etwas über die Gewalt in unserem Innern erfahren, über die Gebote der Gewaltfreiheit nachdenken, in Gottes inniger Liebe wohnen, unsere Beziehung zu Christi Gemeinde des Friedens vertiefen und uns stark genug fühlen, um mit unserer Friedensbotschaft in die Welt des Krieges hinauszugehen. Die Kirche sollte uns dabei unterstützen, ein gewaltfreies Leben zu führen. Eben das ist es, was der gewaltfreie Jesus will! Wenn die Kirche diesen Auftrag nicht erfüllt, sollten wir sie dazu drängen, ihn zu erfüllen – oder wir sollten uns eine Gemeinschaft suchen, die den Frieden stärker unterstützt.

Wenn wir zu einer Friedens- und Menschenrechtsgruppe vor Ort gehören oder uns einem öffentlichen Protest anschließen oder uns sogar an einer Aktion des zivilen Ungehorsams beteiligen, müssen wir besonders gewissenhaft gewaltfrei sein. Wie könnten wir Gewaltfreiheit öffentlich vor der Welt verfechten, wenn wir grausam, gemein und ausfällig gegen die sind, die sich um die Menschheit und um die Welt bemühen? Interessanterweise setzen sich Friedens- und Menschenrechtsgruppen gewöhnlich aus eigensinnigen, durchsetzungsstarken, entschlossenen Leuten zusammen, die uns provozieren, ihre Egos in den Vordergrund schieben und andere herumstoßen. So aggressiv wollen wir nicht sein. Wir wollen ein Vorbild der Gewaltfreiheit in unseren Friedensgruppen sein, wenn wir uns darauf vorbereiten, öffentlich auf Frieden mit Gerechtigkeit zu drängen.

Im täglichen Leben begegnen wir alltäglichen Leuten: im Lebensmittelladen, an der Tankstelle, im Bus oder im Flugzeug, wenn wir durch die Straßen gehen oder im Park sitzen. Wir wollen zu allen gewaltfrei sein. Wir wollen besonders und bewusst gewaltfrei zu den Bedürftigen sein, den Randständigen, Obdachlosen, Ausgestoßenen und Hungrigen. Wir entscheiden uns vorzugsweise für die Armen und Entrechteten, wir wollen den Bedürftigen, so gut wir können, helfen und ihnen dienen und wir wollen alle auf ihrer Reise zum Frieden bestätigen und ermutigen.

Einer meiner Freunde, der Aktivist ist, grüßt jeden, den er auf der Straße trifft, als einen geliebten Bruder oder eine geliebte Schwester. Er kritisiert die Welt radikal politisch, aber er hat ein besonders fröhliches Gemüt und versucht, mit allen Menschen, die er trifft, freundliche Verbindungen aufzunehmen. Ich wünschte, ich wäre auch so, aber von Natur aus bin ich nicht so. Mein Freund hat mir viel darüber beigebracht, wie man gewaltfrei und freigiebig sein kann. Ich möchte im selben großzügigen Geist mit anderen umgehen. Wenn ich gestresst, beschäftigt oder müde bin, werde ich leicht einmal ungeduldig und sogar mürrisch und das beeinflusst meine Haltung in den alltäglichen Begegnungen auf negative Weise. Ich ermahne mich dann, mich an meine Verpflichtung und meinen Wunsch, freundlich und gewaltfrei zu sein, zu erinnern.

Zurzeit übe ich in kleinen Gruppen Gewaltfreiheit ein, damit ich eher gewaltfrei reagieren kann, wenn plötzlich der große Augenblick erscheint. Ich erhebe keinen Anspruch auf Heldentum oder eine besondere Begabung für Gewaltfreiheit. Ich bin ebenso gewalttätig wie alle anderen auch, weil ich ebenso wie andere ein Produkt unserer Kultur der Gewalt und des Krieges bin. Aber ich erhebe den Anspruch, wie jeder andere auch dazu berufen zu sein, gewaltfrei zu werden, um mein wahres Ich zurückzugewinnen, und zu allen, denen ich begegne, gewaltfrei zu sein, ja meinen Nächsten und meine Feinde sogar zu lieben und persönlich den Frieden auszustrahlen, den ich politisch anstrebe. Ich will dem gewaltfreien Jesus folgen und das bedeutet, dass ich in meinem Innern an meiner persönlichen Abrüstung und in der Öffentlichkeit für Gewaltfreiheit arbeite. Dieser Kampf lohnt sich für uns alle.

Das Leben ist kurz. Ich glaube, wir sind auf dem Weg zu einem neuen Himmel der Gewaltfreiheit, der sich danach sehnt, auf die Erde zu kommen. Wenn wir einmal in den Himmel kommen, werden wir uns wünschen, wir hätten unsere Zeit auf Erden klugerweise dazu genutzt, andere zu lieben, gewaltfrei zu sein und Frieden zu verbreiten, anstatt das Gegenteil davon zu tun, indem wir den Teufelskreis von Gewalt und Krieg fortsetzen. Unsere Aufgabe besteht darin, dass wir uns jetzt dessen bewusst werden und die kurze Zeit, die uns noch bleibt, dafür nutzen, so liebevoll, entwaffnend, gewaltfrei und friedlich wie möglich zu sein. Allen gegenüber. Von jetzt an!

„Entscheidet euch für Gewaltfreiheit. Übt Gewaltfreiheit. Liebt alle um euch herum. Schließt Frieden." Das ist der Maßstab für Friedensstifter. Das ist die Botschaft von Martin Richard, Martin Luther King, Dorothy Day und Mohandas Gandhi. Auch wenn wir diese edlen Höhen nicht erreichen, so ist doch schon der Kampf darum, gewaltfrei zu sein, an sich ein Sieg für die Liebe und den Gott des Friedens. Dieser Kampf ist der einzige Kampf, den zu kämpfen sich lohnt.

7. Gewaltfreiheit gegenüber denen, die uns gegenüber gewalttätig sind

Gandhi hat öfter gesagt: Wenn wir nur gewaltfrei zu denen sind, die gewaltfrei zu uns sind, ist das keine Gewaltfreiheit. Wahre Gewaltfreiheit nannte er „die Gewaltfreiheit der Starken"; sie geschieht, wenn wir gegen die antreten, die uns oder anderen Gewalt antun. Wenn wir intervenieren, entwaffnen und andere durch unser kreatives gewaltfreies Handeln zur Wahrheit von

Liebe und Frieden zu bekehren versuchen, dann üben wir echte Gewaltfreiheit. Die Stunde der Prüfung ist gekommen, wenn wir unsere Gewaltfreiheit denen gegenüber einsetzen und aufrechterhalten, die nicht gewaltfrei sind, und wenn wir aktiv versuchen, sie zu entwaffnen und zu heilen. Wenn es uns gelingt, sie zu entwaffnen und zu ändern, wunderbar; wenn nicht, haben wir es wenigstens versucht und wir haben ihnen aufgrund unserer Gewaltfreiheit immerhin nicht noch weiteren Schaden zugefügt. Aber wir dürfen nicht tatenlos zusehen und passiv bleiben, wenn Menschen gewalttätig werden. Wenn wir das doch tun, kollaborieren wir mit der Gewalt.

Wir alle kennen Menschen, die sich nicht gewaltfrei gegen uns verhalten. Es kann jeder sein: Eltern, Geschwister, Kinder, Ehepartner, entfernte Verwandte, ein Nachbar, der Chef oder ein anderer bei der Arbeit. Was tun wir? Jede Situation, jedes Ereignis, jeder Mensch ist verschieden. Wir können gründlich über die Situation nachdenken, für die Beteiligten beten, auch um Anleitung zum richtigen Vorgehen beten und versuchen, so gut wir können, zu reagieren. Aufgrund unserer kreativen Gewaltfreiheit versuchen wir sie mit liebevoller Freundlichkeit für uns zu gewinnen, wir versuchen sie zu entwaffnen, zu heilen und uns mit ihnen anzufreunden. Wenn wir auf die, die nicht gewaltfrei sind, mit liebevoller Gewaltfreiheit reagieren, erinnern wir daran, dass der Gott des Friedens mit beiden Seiten ist und unsere Reise in Richtung Abrüstung und Frieden segnet.

Einige tragen so viel Gefühlsballast mit sich herum, dass sie anderen ihre Bürde nicht erleichtern können. Meine Großmutter nannte diejenigen, mit denen nicht leicht auszukommen war, Leute, die das Leben schwerer machten, „schwierige Leute". Wie können wir uns zu ihnen in Beziehung setzen, wie können wir ihnen helfen, wie können wir diese „schwierigen Leute" lieben? Gewaltfrei! Mit so viel Liebe, Mitgefühl und Klugheit, wie wir nur aufbringen können. Dabei erinnern wir uns daran, dass auch wir „schwierig" sein können, und diese Erinnerung hilft uns dabei, ihnen Mitgefühl zu erweisen. Der Schlüssel in jeder Beziehung und in jeder Begegnung ist es, unsere Gewaltfreiheit aufrechtzuerhalten, anderen dabei zu helfen, ihre Gewaltfreiheit zu vertiefen, und an Frieden, Hoffnung und Liebe zuzunehmen.

Eine der großartigsten Praktikerinnen zwischenmenschlicher Gewaltfreiheit war die heilige Thérèse von Lisieux. Zwar starb sie schon 1897 im Alter von 24 Jahren [an Tuberkulose] in einem Kloster der Unbeschuhten Karmelitinnen in Frankreich, aber sie wurde eine spirituelle Meisterin in der Kunst der gewaltfreien Liebe zu denen, die sie umgaben, besonders zu den Elendesten und Unangenehmsten. Ihre Autobiografie ist einer der am meisten gelesenen spirituellen Klassiker der Geschichte.[4] Darin erzählt sie von ihren Erfahrungen mit bedingungsloser gewaltfreier Liebe zu den Schwestern ihrer Ordensgemeinschaft. Sie übte so lange zuversichtlich gewaltfreie Liebe zu allen, besonders zu den herrschsüchtigen Oberen und verbitterten Älteren, bis sie alle überzeugt hatte. Sie erprobte Jesu Gewaltfreiheit und machte immer wieder die Erfahrung, dass sie wirkt.

Ihre Haltung zu Schwester St. Peter ist ein gutes Beispiel. Die arme Schwester St. Peter war an den Rollstuhl gefesselt und sie war so gemein und garstig, wie man nur sein konnte. Keine der anderen Schwestern mochte sie. Die junge heilige Thérèse musste sie ab und zu versorgen und beschloss, jede ihrer hässlichen Bemerkungen mit einem liebenswürdigen Lächeln und einem freundlichen Wort zu erwidern. Kurz bevor Thérèse starb, vertraute ihr die Ältere an, sie sei die Einzige im Kloster, die freundlich zu ihr gewesen sei. Thérèse hatte sie für sich gewonnen und eine neue Freundin gefunden, aber sie war traurig darüber, dass die anderen Schwestern nicht bedingungslos lieben konnten. Diese bedingungslose gewaltfreie Liebe zu zeigen, war schwer für Thérèse, selbst in einem Kloster weltabgeschiedener Nonnen, aber sie übte sie fleißig und durch ihre Schriften bekehrte sie alle zu etwas, das man „die kleine Gewaltfreiheit" nennen könnte. Ihre gewaltfreie Liebe ist ein Beispiel für die christliche gewalt-

---

[4] Vgl. zu THERESE VON LISIEUX www.deutsche-digitale-bibliothek.de/person/gnd/118621815 und Die Mystikerin Therese von Lisieux. Textauswahl und Kommentar von Andreas Wollbold, Wiesbaden: marix 2016.

freie Reaktion auf alle, die uns begegnen, besonders die „Schwierigsten".

Wenn wir über unsere Gewaltfreiheit nachdenken, können wir uns fragen: Wer sind die Menschen, die unsere Gewaltbereitschaft, unseren Groll und unseren Hass auslösen? Wen lieben wir nicht und zu wem wollen wir nicht gewaltfrei sein? Wie können wir mit ihnen Frieden schließen? Wer hat uns verletzt, wen würden wir gerne verletzen, wen haben wir verletzt und wie können wir diese Situationen umgestalten? Natürlich sind wir alle für Frieden, sage ich in meinen Vorträgen, aber tief in unserem Innern kennen wir gewöhnlich jemanden, mit dem wir wirklich gerne abrechnen möchten – sei es ein Präsident, ein Papst, ein General, ein Vorgesetzter, ein Elternteil, ein Bruder oder eine Schwester, ein Nachbar oder ein Mitarbeiter. Oft lauert zumindest eine Spur von Rachedurst in unserm Innern.

Irgendjemand löst immer unsere Gewaltbereitschaft aus. Was tun wir dann? Wir machen diese Menschen zu unseren Lehrmeistern. Sie offenbaren uns unsere innere Gewaltbereitschaft. Sie zeigen uns das, was Carl Gustav Jung unseren „Schatten" nannte: die unbewussten, durchaus nicht wünschenswerten Aspekte unserer Persönlichkeit, die wir oft auf andere projizieren. Unsere Reaktion auf sie zeigt unsere Gewaltfreiheit. Wenn wir auf sie nicht gewaltfrei reagieren können, werden wir in der Ausübung christlicher Gewaltfreiheit nicht zunehmen. Deshalb müssen wir für sie beten, für die Beziehung beten, über das nachdenken, was in ihnen vorgeht, und herausbekommen, was sie zu ihrer Gewalttätigkeit brachte, und dann müssen wir kreativ gewaltfreie Reaktionen erproben. Derartige Überlegungen erschließen neue Quellen des Mitgefühls in unserem Innern und befähigen uns dazu, unsere barmherzige Liebe so sehr zu vertiefen, dass sie auch solche Menschen heilen kann.

Gerard Vanderhaar bietet in seinem Buch „Personal Nonviolence: A Practical Spirituality for Peacemakers" diesen praktischen Rat an:

Einen schwierigen Menschen lieben bedeutet in erster Linie, alle Vorstellungen von Gewinnen beiseitelassen. Wenn wir daran arbeiten, ist es besonders wichtig, dass wir Selbstgerechtigkeit und jede Art moralischen Druck, der die andere Seite demütigen könnte, vermeiden. Wir erkennen ihre Schwäche, Verlegenheit und Ängste, wenn wir unsere eigenen (an)erkennen. Wirklicher Fortschritt findet statt, wenn wir der anderen Seite Reaktionsmöglichkeiten einräumen und nicht Forderungen an sie stellen, die sie erfüllen müssten. Menschen reagieren schlecht auf Ultimaten. Gewöhnlich werden sie dann defensiv und ihr Standpunkt verhärtet sich. Durch geduldige, ausdauernde Liebe – man muss schwierige Leute nicht unbedingt mögen – haben wir gute Chancen, einen Weg zu finden, um in Harmonie zu leben, indem wir ihre Menschlichkeit achten und dabei unserer eigenen treu bleiben.[5]

Die Psychologie hilft uns zu verstehen, dass andere als Kinder verletzt und nicht geliebt wurden, dass man ihnen nicht beigebracht hat, liebevoll und friedlich zu sein, und dass sie in alten Mustern der Gewalt feststecken. Tatsächlich sind wir alle in gewissem Maße von der Kultur der Gewalt geschädigt. Wir können diese Menschen lieben, ihnen Mitgefühl zeigen und weiterhin gewaltfrei mit ihnen umgehen. Vielleicht können wir ihnen durch unsere menschliche Reaktion dazu verhelfen, ein wenig heiler zu werden. Das gehört zu einem gewaltfreien Leben.

Gewaltfreiheit bedeutet jedoch nicht, dass wir in schmählichen Beziehungen bleiben oder dass wir uns uns mit häuslicher Gewalt abfinden. Gewaltfreiheit fordert, dass man Verletzung, Misshandlung oder Demütigung zurückweist, ebenso wie wir uns weigern, selbst jemals wieder jemanden zu verletzen, zu misshandeln oder zu demütigen. Wenn jemand, den ihr kennt, euch demütigt, euch misshandelt und Gewalt gegen euch anwendet, sagt ihm deutlich, er soll damit aufhören. Wenn das

---

[5] VANDERHAAR, Gerard, Personal Nonviolence. A Practical Spirituality for Peacemakers, Eugene OR: Wipf and Stock, 2015, S. 59.

nicht gleich wirkt, versucht es noch einmal. Für den Fall, dass auch das nichts nützt, rät uns die Bürgerrechtlerin und Lehrerin der Gewaltfreiheit Diane Nash, mit einer solchen Person zu brechen, damit wir nicht weiter derartige persönliche Demütigung und Gewalt erleiden müssen und auch, damit diese Person sich nicht weiterhin erniedrigt und Gewalt ausübt. Wir wollen uns weder von ihr verletzen lassen noch wollen wir sie verletzen.

Wenn wir bei Menschen bleiben, die uns Schmerz zufügen, können wir dadurch weiterhin verletzt werden. In diesem Fall müssen wir überprüfen, ob wir die Neigung haben, hörig zu sein, und vielleicht müssen wir an Al-Anon-Treffen[6] teilnehmen, um Einsicht in unser Verhalten zu gewinnen und Unterstützung zu bekommen. Niemand sollte in einer gewalttätigen Beziehung ausharren. Gewaltfreiheit bedeutet, dass man alle Misshandlung und Demütigung beendet, sodass es keine misshandelnde und keine misshandelte Person, keine unterdrückende und keine unterdrückte Person, kein Opfer und keinen Täter mehr gibt. Aktive Gewaltfreiheit strebt mithilfe der weltweiten Friedensbewegungen danach, dass keine Nation mehr einer anderen oder auch einzelnen Menschen Gewalt antut.

Manchmal bleiben Groll, Bitterkeit und Wut gegen die, die uns verletzt haben, noch Jahre danach bestehen. Diese Gefühle müssen wir angehen. Wenn wir sie schwelen lassen, entspricht das nicht dem Wesen der Gewaltfreiheit. Eines Tages würden sie wahrscheinlich in einem Anfall von Wut und Gewalt ausbrechen. Früher oder später müssen wir Ärger, Groll und Bitterkeit fallenlassen. Wir müssen denen vergeben, die uns verletzt haben, und wir müssen uns Vergebung in unseren Beziehungen zur täglichen Gewohnheit machen, damit wir Gewaltfreiheit in unserm Innern und bei allen, die wir kennen, weiterentwickeln können. Wir wollen unsere negativen Gefühle dem Gott des Friedens übergeben, allen vergeben, Gottes Vergebung und gnädige Liebe empfangen und Frieden im Innern pflegen, damit wir friedliche

---

6 Die *Al-Anon* Familiengruppen sind eine in den USA entstandene weltweite Selbsthilfeorganisation von Angehörigen von Alkoholkranken.

Beziehungen aufrechterhalten, neue schaffen und als wahre Friedensstifter in die Öffentlichkeit gehen können.

Zunehmende Gewaltfreiheit gegen die, die wir kennen, kann uns auf den Tag, an dem wir in der Öffentlichkeit für Gerechtigkeit und Frieden eintreten, vorbereiten. Wenn wir uns erheben, den Mund aufmachen und in der Öffentlichkeit gewaltfrei für Gerechtigkeit und Frieden eintreten, müssen wir auf negative Erwiderungen und auf feindliche Reaktionen vorbereitet sein. Angesichts unserer Kultur der Gewalt werden einige Menschen Einwände gegen unseren Standpunkt, unseren Protest und unsere gewaltfreie Aktion erheben. Das sind für gewöhnlich Menschen, die uns die nächsten sind, angefangen bei unserer Familie, unseren Mitarbeitern, Kirchenmitgliedern und Nachbarn. Einige werden uns zur Rede stellen. Sie könnten wütend werden, sie könnten uns anschreien, sie könnten uns verurteilen, sie könnten uns auf jede mögliche Weise beschimpfen. Auf alles das müssen wir gefasst sein, wenn wir in einer Kultur ständiger Ungerechtigkeit und ständigen Krieges öffentlich für Gerechtigkeit und Frieden eintreten.

Was machen wir in einem solchen Fall? Wir müssen uns darauf vorbereiten. Wie reagieren wir? Gewaltfrei! Wenn uns andere wegen unseres Eintretens für Frieden und Gerechtigkeit anschreien, hat es keinen Sinn, zurück zu schreien oder sie wegen ihrer Gewalttätigkeit zur Rede zu stellen. Förderlich ist es, wenn wir aufmerksam, mitfühlend und friedlich zuhören, sie sprechen lassen, ihnen zugestehen, dass sie Dampf ablassen, und diese Hitzewallung akzeptieren, ohne dass wir sie erwidern wollen. Ruhig bleiben, schweigen, aufmerksam, mitfühlend und friedlich sein. Wir bekommen dann vielleicht nicht die Chance, sie von unserer Einstellung zu überzeugen, aber unsere gewaltfreie Reaktion berührt sie vielleicht und regt sie auf eine Weise an, von der wir wohl nie etwas erfahren werden. Zweifellos berührt unsere Einstellung bereits einen Nerv in ihnen, sodass unsere gewaltfreie Reaktion die Wahrheit stärken kann, die sie tief in ihrem Innern – vielleicht auf unbewusster Ebene – erkennen. Eine ruhige Erwiderung beschämt Menschen oft, sodass sie ihre Hitzköpfigkeit und ihre Gewalttätigkeit erkennen. In diesem Augenblick erkennen sie sich vielleicht selbst und entscheiden sich für den Frieden, dem sie in uns begegnet sind.

Es gibt bemerkenswerte Fotos von der Kampagne in Birmingham 1963, auf denen Martin Luther King zu sehen ist, wie er dem berüchtigten Polizeichef Bull Connor und anderen rassistischen Gegnern zuhört. Dr. Kings immer ruhige Reaktion bewies seine gleichbleibende Gewaltfreiheit und stellte die Gewalttätigkeit der Führer des rassistischen Establishments an den Pranger. Tausende wurden dadurch zum Demonstrieren angeregt. Sie sahen in Dr. Kings persönlicher Haltung, dass es möglich ist, auch buchstäblich im Angesicht gewalttätiger Gegner gewaltfrei zu bleiben. Sie wurden zu Zeugen von dem Mut, der Würde und der moralischen Größe in Dr. Kings Haltung. Sie machten die Erfahrung, dass persönliche Gewaltfreiheit immer eine Wirkung hat. Wenn wir auf unsere gewalttätigen Gegner mit Gewalt reagieren, setzen wir nur die Abwärtsspirale der Gewalt fort. Aber wenn wir es wagen, liebevolle, aufmerksame, ruhige Gewaltfreiheit zu üben, werden wir andere berühren, heilen und inspirieren. Unsere gewaltfreie Reaktion wird gute Früchte tragen, vielleicht nicht gleich, aber am Ende doch. Das ist eines der Versprechen des gewaltfreien Jesus.

Kurz nach dem Angriff auf das World Trade Center am 11. September 2001 schloss ich mich mit zwei Dutzend Freunden einem Antikriegsprotest auf dem Union Square in New York City an. Es war ein schöner Samstagnachmittag, an dem Zehntausende in den Park gekommen waren, um die Stadt zu genießen, um sich anzusehen, was an Kunstwerken zum Verkauf angeboten wurde, um Biolebensmittel zu kaufen und um den Musikern zuzuhören. In ihrer Mitte standen wir und hielten Transparente hoch, auf denen stand: „Keine Bomben auf Afghanistan!", „Übt Gewaltfreiheit" und „Lebt mit der Welt in Frieden".

Ich hielt eines der Transparente hoch und stand in der Mitte, während Daniel Berrigan rechts und unser Freund Bob Keck links von mir stand. Mitten in unseren einstündigen Schweigeprotest stürmte ein großer junger Mann auf mich zu. Er sah aus, als sei er einmal beim Militär gewesen. Er wies heftig mit dem Finger auf mich und schrie: „Wer bist du, dass du gegen unsere Regierung protestierst! Geh nach Hause, nach Russland, da gehörst du hin! Dir wär's recht, wenn alle Terroristen der Welt in unser großartiges Land einmarschieren und uns alle töten würden!" Er war wütend. Seine Augen traten hervor und er schrie mit der ganzen Kraft seiner Lungen. Dann sah er mir in die Augen und sagte: „Was würdest du sagen, wenn ich jetzt ein Messer rausziehen und dich auf der Stelle töten würde?"

Ich kam gerade vom Family Assistance Center in der 47. Straße, wo ich im Rahmen des Roten Kreuzes den Einsatz von 550 Geistlichen koordiniert hatte, die sich um die etwa 50.000 Angehörigen der Opfer der Angriffe vom 11.9. kümmerten. Ich atmete tief durch, sah ihm in die Augen und sagte: „Ich denke, ich würde sterben und direkt in den Himmel kommen und ich würde bei Jesus, Maria und den Heiligen ewig im Frieden leben. Du dagegen würdest verhaftet und für den Mord an mir verurteilt. Es würde einen großen öffentlichen Prozess geben, du würdest für den Rest deines Lebens ins Gefängnis gesperrt und du würdest immer bedauern, dass du mich getötet hast. Du würdest mir und meinen Freunden sehr leid tun. Wir würden für dich beten."

Er war fassungslos. Zum ersten Mal war er sprachlos. Er hatte wohl erwartet, dass ich zurück schreien, ihn verurteilen oder mich sogar mit ihm schlagen würde. Aber meine Rede über meinen Tod, meinen Aufstieg in den Himmel und seinen Abstieg ins Gefängnis brachte ihn zur Vernunft. Er sah zu Boden, schluckte schwer und ging seiner Wege. Einer aus unserer Gruppe, ein Mann aus der Gemeinschaft der Catholic Worker, ging ihm nach und erklärte ihm unsere Friedenswache. Wenn wir Afghanistan bombardieren würden, würde das den Terrorismus nicht beenden, sagte er ruhig. Dabei würden nur noch mehr Menschen getötet und noch mehr Menschen würden dazu angeregt, zu Terroristen zu werden, und das würde zu noch mehr Terrorakten gegen uns führen. Nach einer Weile kam der junge Mann zu mir zurück. „Es tut mir leid, dass ich dich angeschrien habe", sagte er. Er streckte seine Hand aus und ich schüttelte sie. Das explosive Element war verpufft und wir konnten unsere Gewaltfreiheit behaupten.

Wie antworten wir denen, die uns mit Gewalt drohen? Gewaltfrei! Wenn wir mit demselben Zorn oder derselben Gewalt antworten, können wir sicher sein, dass wir die volle Wucht der angekündigten Gewalt zu spüren bekommen. Wenn wir vernünftig, einsichtig, klug, humorvoll und kreativ antworten und die Methoden Jesu und Gandhis einsetzen, werden wir den Gegner vielleicht entwaffnen und zu unserem neuen Freund machen.

Seid in allem gewaltfrei! Seid in allen Beziehungen gewaltfrei. In allen Protesten, bei allen Begegnungen, bei allen Zusammenstößen – seid gewaltfrei. Übt und praktiziert Gewaltfreiheit in den kleinen, angespannten Alltagsbegegnungen mit den Menschen in eurer Umgebung, damit ihr Muskeln für später aufbaut, damit ihr wie Gandhi und Dr. King die „Gewaltfreiheit der Starken" üben könnt!

Jede Begegnung bietet Gelegenheit, mit Gewaltfreiheit zu experimentieren, Gewaltfreiheit zu erproben und darin zuzunehmen, sodass wir in einer Welt der Gewalt zu authentischen Friedensstiftern werden, zu Menschen, die wirklich Gewaltfreiheit üben.

8. Sich lokalen Gruppen für Frieden und Gewaltfreiheit anschliessen

Wenn wir persönliche und zwischenmenschliche Gewaltfreiheit üben, wenn wir uns selbst und alle, die wir schon kennen und die wir kennenlernen, lieben, erweitern wir damit den Kreis von Liebe und Frieden um uns herum und schaffen immer neue Kreise von Liebe und Frieden, die sich weit und breit ausdehnen. Wir sind so liebevoll und mitfühlend, wie wir können, lassen unsere Verletzungen und unseren Groll los, vergeben denen, die uns verletzt haben, versuchen einander in Freundlichkeit zu überbieten und bauen Freundschaften mit allen Menschen auf, die wir schon kennen und die wir kennenlernen werden. Dieses einfache Vorgehen in Liebe baut Gemeinschaft auf. Menschlich sein heißt, zu einer Gemeinschaft des Friedens gehören.

Diese Kreise von Frieden, Liebe und Gewaltfreiheit erweitern sich, berühren andere und schließen sich wie kleine Wellen einander an, die fortwährend über uns fließen und im globalen Teich alle anderen berühren. Auf diese Weise bauen wir die globale geliebte Gemeinschaft der Schwestern und Brüder auf. Wir unterstützen einander dabei, die zu werden, die wir in Wahrheit sind: die geliebten Söhne und Töchter des Gottes des Friedens und der Liebe.

Ich habe das mein Leben lang versucht: auf jeden zugehen, dem ich begegnet bin, und neue Freunde gewinnen, so viele Freunde, wie nur möglich. Wenn sie erst einmal eine Ahnung von meiner politischen Arbeit für Abrüstung und Frieden bekommen haben, wenden sich einige ab. Aber viele andere treten in meinen Friedenskreis ein. Ich habe überall im Land gelebt und bin ausgiebig in der Welt umhergereist und deshalb gibt es nach vielen Jahrzehnten viele Friedenskreise in meinem Leben. Zusammen werden wir zu einer Basisbewegung von Frieden, Liebe und Gewaltfreiheit. Es ist eine unsichtbare und unbekannte, aber lebendige Wirklichkeit.

Hier ein Beispiel: 1992 habe ich dazu beigetragen, dass in der Bay Area von San Francisco fünfundzwanzig kleine Friedensgruppen die Arbeit aufgenommen haben; einige davon gibt es heute noch. Alle diese Freunde bereichern mein Leben, machen es arbeitsreich und aufregend, und hoffentlich werden diese Freundschaften gute Früchte des Friedens tragen. Natürlich habe ich viele Fehler gemacht. Freundschaften enden, Gruppen brechen auseinander, Menschen kommen und gehen. Nichtsdestoweniger ist es eine schöne Reise: durchs Leben gehen und Kreise des Friedens, der Liebe und der Gewaltfreiheit um uns aufbauen, Kreise, die uns mit anderen guten Leuten in der Hoffnung verbinden, dass wir die geliebte Gemeinschaft, die wir anstreben, aufbauen und formen. Am Ende verwandeln wir die Welt aus einem Ort der Armeen, Unternehmen, Nationen und Imperien in Gemeinschaften innerhalb von Gemeinschaften innerhalb sich immer weiter ausdehnender Gemeinschaften des Friedens. Ich denke, das ist das, was der Gott des Friedens mit uns vorhat.

Veränderung wirkt von unten nach oben, niemals von oben nach unten, wie sehr man auch darauf bestehen mag, dass das Organisieren von oben nach unten funktioniere. Wenn wir Beziehungen von Frieden und Gewaltfreiheit aufbauen, stärken wir damit die Basisbewegung, die die Systeme, Strukturen, Nationen und Imperien, die die Menschheit unterdrücken und töten, stürzen werden. Auf dem Weg dahin streuen wir Samen der Liebe und der Gewaltfreiheit aus und diese können eines Tages eine neue Ernte des Friedens bringen. Mit diesen Kreisen und Gemeinschaften des Friedens und der Liebe können wir mehr bewirken, mehr Menschen berühren und auf mehr Menschen zugehen, als wir uns vorstellen. Der Geist des Friedens wird anscheinend eher verbreitet, wenn wir in Gemeinschaft, als wenn wir allein arbeiten.

Das ist mit Sicherheit die Geschichte des gewaltfreien Jesus. Einer seiner ersten Schritte, von denen in den Evangelien erzählt wird, ist, dass er um sich eine Gemeinschaft schafft. Offenbar weiß er, dass er mehr Gutes tun kann, wenn andere bei ihm sind, und dass seine öffentliche Arbeit für Gerechtigkeit, Heilung und Friedenstiftung mehr Leute erreicht, wenn er die notwendige Unterstützung bekommt und wenn er andere dabei unterstützt, seine Sendung weiterzuführen. Historiker vermuten, dass die Entwicklung der kleinen Gemeinde der Gewaltfreiheit und des Widerstandes, die das Wesen des Netzwerkes der frühen Kirche ausmacht, schließlich dazu beitrug, das Römische Imperium zu stürzen. Das ist auch für uns Heutige ein Vorbild.

Es ist auch die Geschichte Gandhis. Er lebte fast fünfzig Jahre in einer Gemeinschaft der Gewaltfreiheit, die zeitweise 400 Mitglieder hatte. Vor ein paar Jahren reiste ich mit einem von Mahatma Gandhis Enkeln, Arun Gandhi, und anderen Freunden nach Ahmedabad, um dort Gandhis Gemeinschaftsaschram zu besuchen. Es rührte mich zutiefst, als ich das Haus betrat, in dem er zwanzig Jahre lang lebte, wo er täglich zwei Stunden in Meditation zubrachte und wo er und seine Freunde ihre lebenslange Kampagne der Gewaltfreiheit bedachten. In vielen verschiedenen Biografien haben Mitglieder der Gemeinschaft später von der ansteckenden Freude gesprochen, die sie in Gandhis Nähe empfunden haben.[7] Er war ein Mensch, der andere anzog. Es waren seine Vision, sein Leben, seine Spiritualität, seine Friedfertigkeit. Hunderte, Tausende, Millionen scharten sich um ihn. In der Gemeinschaft gehörte den Mitgliedern alles gemeinsam. Gandhis Klugheit, sein Frieden und seine Freude färbten ab. Die Aschrambewohner machten gemeinsam sauber und kochten gemeinsam, lebten in freiwilliger Armut und bereiteten sich darauf vor, mit dem Einsatz ihres Lebens Widerstand gegen den britischen Imperialismus zu leisten. Gewaltfreiheit war ihr „Glaubensbekenntnis". Sie ermutigten einander, ihr Leben nicht nur für das gewaltfreie Leben, sondern auch für die Vision einer neuen Welt der Gewaltfreiheit hinzugeben. Sie träumten einen unmöglichen Traum und trugen dazu bei, ihn zu verwirklichen. Irgendwie berührt Gandhis machtvolle Gewaltfreiheit heute mehr Menschen denn je.

Jahrzehnte lang habe ich in Gemeinschaft gelebt. Ich habe die Erfahrung gemacht, dass das Gemeinschaftsleben stärken und bereichern kann, wenn die Menschen miteinander auskommen, einander Raum lassen, einander bei der Arbeit unterstützen, gemeinsam beten und eine spirituelle Vision gemeinsam haben. Wie jede Lebensweise bringt das Leben in Gemeinschaft bestimmte Verbindlichkeiten mit sich, aber auch unendliche Möglichkeiten. Aber ob wir nun in Gemeinschaft leben oder uns regelmäßig mit gleichgesinnten Friedensfreunden in Gemeinschaft treffen – ich kam zu dem Schluss, dass Gemeinschaft nur in besonderen „Augenblicken" erfahren wird. Gemeinschaft ist etwas, woran wir ständig arbeiten, für das wir uns einsetzen müssen und auf das wir uns zu bewegen. Ebenso wie an anderen Orten

---

[7] Vgl. nur das Buch von Narayan Desai, Gandhi aus nächster Nähe. Die Segnung in Gandhis Nähe aufzuwachsen. Kindheitserinnerungen. Wolfsburg: Metagrapho 2009.

auch müssen die Erwartungen eines jeden Gemeinschaftsmit-
gliedes regelmäßig angesprochen werden, um die Gemeinsam-
keiten zu stärken. Aber sie ist ein Ziel, das das Leben viel reicher
und unsere Arbeit viel fruchtbarer macht.

Heutzutage müssen wir nicht notwendig mit anderen in einem Gemeinschaftshaus zusammenwohnen, aber wir können
uns einer örtlichen Gemeinschaft im Bereich ‚Frieden und Gerechtigkeit' anschließen, die sich einmal die Woche oder alle
zwei Wochen trifft. Wenn wir an kleinen Friedensgruppen teilnehmen, fühlen wir uns nicht allein. Da sind gleichgesinnte
Freunde, mit denen wir unsere Sorgen, Ängste, Hoffnungen und
Frustrationen teilen können. Wir können zusammen beten, lernen, lesen, miteinander reden und ein Zeugnis für Frieden und
Gerechtigkeit in der Öffentlichkeit planen. Wenn wir das tun,
fühlen wir uns gestärkt, ein gewaltfreieres Leben zu führen, und
wir helfen einander dabei, unsere Erfahrung von Gewaltfreiheit
zu vertiefen. Außerdem können wir, wenn wir in der Öffentlichkeit gemeinsam handeln, dazu beitragen, dass sich unser Viertel,
unsere Stadt oder unser Staat oder unsere Nation wandelt.
Durch die Arbeit kleiner lokaler Gemeinschaften können alle die
Macht der Gewaltfreiheit von unten erfahren und der Kreis der
Gewaltfreiheit kann sich vergrößern.

Im ganzen Land breiten sich diese Kreise des Friedens und
der Gewaltfreiheit im Stillen aus. In Washington, D.C., dienen
Freunde von der Catholic Worker-Bewegung und der Church of
the Savior den Armen, halten vor dem Pentagon und dem Weißen Haus regelmäßig Friedensandachten und sind mit vielen
anderen Gruppen und Friedensaktivisten vernetzt. In Los Angeles halten Catholic Worker und das Office of the Americas die
Friedensarbeit lebendig. In New Mexico führen Freunde von Pax
Christi seit Jahren einmal im Jahr in Los Alamos eine Atomwaf-
fenabrüstungs-Vigil durch und versuchen, die Vision der Gewaltfreiheit zu fördern. In Baltimore erheben seit Jahrzehnten die
Gemeinschaften des Jonah-Hauses und des Viva-Hauses ihre
Stimme für Frieden und Gerechtigkeit. In New York City trifft
sich eine kleine Gruppe, die sich Kairós nennt, seit vier Jahrzehn-

ten alle zwei Wochen und organisiert Demonstrationen, Kampagnen und ein öffentliches Zeugnis, das das Leben vieler berührt. Diese Friedenskreise werden von den Medien und den Städten, in denen sie wirken, ignoriert, aber ihre tiefen Verbindungen und ihre spirituelle Kraft beeinflussen die Bewegung und die Städte.

Gemeinschaften von Friedensstiftern sind ein wesentlicher Teil der Verbreitung kreativer Gewaltfreiheit in der ganzen Welt. Wenn wir ein gewaltfreies Leben anstreben, wünschen wir uns vielleicht, uns einer solchen Friedensgemeinschaft vor Ort anzuschließen oder eine zu gründen. Wenn wir wagen, über unser individualistisches Ich und bloße Worte hinauszugehen, und uns Menschen vor Ort zuwenden, die denselben Kampf wie wir führen, werden wir vielleicht erfahren, dass das Leben erfüllter wird – und dass sich die Friedensarbeit ausbreiten kann.

9. Gewaltfrei Auto fahren

Gewaltfreiheit hat viele verschiedene Seiten. Wir fangen gerade erst an, Geheimnis, Möglichkeiten und Hoffnung zu erkunden, ein Volk von Gewaltfreien zu werden. Ein einfacher praktischer Maßstab für unsere Gewaltfreiheit ist die Art und Weise, wie wir Auto fahren.

In den Tagen, in denen die fossilen Brennstoffe sich ihrem Ende zuneigen, ist das ideale Verhalten natürlich, überhaupt nicht Auto zu fahren. Bis Autos aber ganz und gar überholt sind, müssen wir noch konzentrierter und bewusster Auto fahren, um niemanden zu verletzen. Das gilt besonders für diese Zeit, in der Wut auf den Straßen herrscht und sich die Fahrer dazu noch von ihrem Mobiltelefon ablenken lassen. Das bedeutet ganz sicher: nicht offensiv fahren und keine Geräte in der Hand halten. Stattdessen befolgen wir die guten, aus der Mode gekommenen Umgangsformen: Wir überschreiten die Geschwindigkeitsbegrenzung nicht und wir nicken anderen Autofahrern zu, um sie vor uns einbiegen zu lassen. Die Zeitschrift „Road und Travel" bringt – ohne das Wort „Gewaltfreiheit" zu gebrauchen – einen langen Katalog von Ratschlägen für gewaltfreies Autofahren: nicht drängeln, andere Autos nicht schneiden, großzügig sein, anderen Spielraum lassen, nicht wütend werden, sich nicht auf einen Streit einlassen.

Natürlich ist das heutzutage leichter gesagt als getan. Als ich vor Kurzem in Honolulu Auto fuhr, habe ich gleich einige dieser Ratschläge außer Acht gelassen. Eine Seitenstraße lockte, sie bot der Hauptstraße gegenüber eine Abkürzung. Dreißig Meilen die Stunde zeigte ein Verkehrsschild an. Ich bog ein und musste hinter einem Auto herfahren, das kroch, als würde ein Bauer ein faules Maultier über einen Hügel treiben. Stoßweise bewegten wir uns mit einem Tempo von nur fünf Meilen die Stunde vorwärts.

Ich kochte vor Ärger. „Warum fährt sie nicht schneller?", fragte ich mich. Mein Frustrationspegel stieg. Hat sie sich verfahren? Was für einen Grund hat sie wohl? Bald kamen wir an eine Kreuzung. Innerlich flehte ich sie an: „Bieg rechts oder links ab, fahr, wohin du willst, aber nicht geradeaus!"

An der Kreuzung hielt sie und blieb länger stehen, als es jede vernünftige Pause verlangt hätte. Dann kroch sie schließlich – zu meiner Enttäuschung: geradeaus – mit dem Tempo einer Schildkröte weiter. Leider würde sie nun mein Tempo bis wenigstens zur nächsten Kreuzung bestimmen.

Aber jetzt hatte ich die Nase voll. Ich drückte stark und lange auf die Hupe, sodass es die Luft zerriss. Das sollte sie schon in Bewegung bringen, dachte ich.

Schlingernd hielt das Auto vor mir an. Heraus stieg eine vor Wut rasende Fahrerin, eine junge Frau mit wütendem Gesichtsausdruck. Sie stürmte auf mein Autofenster zu, ihre Augen traten ihr aus dem Kopf und sie schrie: „Was soll das? Warum haben Sie's so eilig? Sie machen mir Angst!" Sofort wurde mir meine Ungeduld deutlich und ich sagte verlegen: „Sie haben ganz recht. Tut mir sehr leid." Sie stampfte zu ihrem Auto zurück und sah sich noch zweimal wütend nach mir um.

Als wir weiter vorwärtskrochen, fragte ich mich: Was war mir da eigentlich passiert? Erst später dämmerte es mir. Mein rüpelhaftes Benehmen hatte wenig mit ihr oder ihrem Fahren zu tun. Es hatte mit einer alten Verletzung zu tun. Am selben Morgen hatte ein Freund und Priester bei meinem Besuch den Namen eines gewissen Kirchenoberen erwähnt, der mir im Jahr zuvor geschrieben und mich gedrängt hatte, meine Antikriegs-Arbeit aufzugeben. Das erlebe ich regelmäßig, nicht ein Tag oder eine Woche vergeht, ohne eine derartige Kritik. Ich hatte gedacht, ich wäre darüber weg. Aber da war es wieder, die Wunde öffnete sich erneut und wieder hatte ich einen Anfall von Wut und Groll bekommen – und die hatte ich auf die arme Fahrerin vor mir losgelassen.

Das sind die Mechanismen der Wut auf den Straßen. Eine alte Verletzung oder Erbitterung entzündet die Wut in unserem Innern und auf der Straße lassen wir sie dann an andern aus. Wir schneiden sie, drücken auf die Hupe und beschimpfen sie mit wenig schmeichelhaften Worten; und dabei bringen wir andere in Gefahr.

Es gibt eine Geschichte von einem deutschen Mitglied des „Order of Interbeing", der Gemeinschaft Thich Nhat Hanhs. Er heißt Karl und er verbrachte viel Zeit mit Thich Nhat Hanh im Auto. Als sie einmal auf dem Weg zu einem Retreat in Österreich waren, fuhr Karl plötzlich sehr schnell. Es machte ihm offenbar Spaß, die Geschwindigkeitsbegrenzung weit zu überschreiten. Neben ihm saß der große Thich Nhat Hanh. Bald legte Nhat Hanh seine Hand sanft auf Karls Arm und sagte: „Bitte Karl, du fährst jetzt anscheinend sehr schnell." Karl war irritiert, fuhr langsamer und hielt die Geschwindigkeitsbegrenzung ein.

Als sie später eine Rast einlegten, verschwand Nhat Hanh für eine kleine „Gehmeditation" im Wald. Dann kam er zurück und sagte zu Karl: „Ich habe ein Geschenk für dich." Es war ein Kiefernzapfen. „Lege ihn auf dein Armaturenbrett", sagte er. „Jedes Mal, wenn du schneller fährst, als die Geschwindigkeitsbegrenzung erlaubt, soll er dich an meinen Wunsch erinnern, den Fuß achtsam vom Gas zu nehmen."

Foto: Ingrid von Heiseler, Februar 2019

Ich habe mir die Geschichte zu Herzen genommen. Als ich vor Kurzem alleine im Rocky-Mountains-Nationalpark in Colorado wanderte, fand ich einen schönen Kiefernzapfen und legte ihn später an einen auffälligen Platz in meinem Wagen. Er erinnert mich daran, dass ich gewaltfreier, langsamer und friedlicher fahren soll. Wenn ich ihn sehe, muss ich lächeln, denn ich erinnere mich, wie uns Nhat Hanh in seiner freundlichen und klugen Art lehrte, achtsamer zu sein.

Das Leben ist kurz. Ich will es nicht damit verbringen, andere zu verletzen. Ich möchte nie wieder irgendjemanden verletzen. Und ich möchte mein Leben ebenso wenig mit unnötigem Ärger, unnötiger Ungeduld oder unnötiger Verdrossenheit verbringen.

Jetzt lehre auch ich meine Schüler in Spiritualität und auf friedliche Weise Auto zu fahren. Wenn ich fahre, höre ich Musik, sage meine Gebete und genieße das Leben. Ich versuche, Eile und Ungeduld zu vermeiden.

Gewaltfreiheit entfaltet sich immer weiter; sie ist immer neu und immer anspruchsvoll. Sie verlangt Wachsamkeit, Kreativität, hilfreiche Mahnungen und ständiges Nachdenken über alle Seiten unseres Lebens. Sie ist eine Reise, allerdings eine gewaltfreie Reise. Je tiefer wir in Geheimnis und Mystik der christlichen Gewaltfreiheit eintauchen, umso deutlicher wird uns: Wir haben keine Eile. Wir sind schon angekommen. Nhat Hanh würde sagen: Wir sind schon zu Hause.

10. Gewaltfreiheit gegenüber der Schöpfung und gegenüber allen Geschöpfen

Gewaltfreiheit ist das Gesetz des Universums. Sie ist das Wesen des Schöpfers und Rahmen und Zentrum der Wirklichkeit, die sich noch immer weiter entfaltet. Wenn wir also uns und allen gegenüber, denen wir begegnen, gewaltfrei zu sein versuchen, streben wir auch danach, der Schöpfung selbst und allen Geschöpfen auf Erden gegenüber gewaltfrei zu sein. Gewaltfreiheit bestimmt unsere Haltung allem im Universum gegenüber. Sie ist der Weg der Erleuchtung. Sie muss weit verbreitet werden. Bis an die Sterne!

Das bedeutet, dass die Tage der Gewalt gegen die Erde und ihre schönen Geschöpfe vorüber sind. Der katastrophale Klimawandel zwingt uns alle zu erkennen, dass wir uns selbst vernichten, wenn wir der Schöpfung weiterhin Gewalt antun. Wir müssen aufwachen und die alte Weisheit erkennen, die uns dazu aufruft, die Erde und alle ihre Geschöpfe zu ehren. Wir sollten auf die indigenen Völker der Welt hören, die uns seit Jahrhunderten sagen, dass die Erde unsere Mutter ist und dass alle Geschöpfe verehrenswert sind.

„Die Erde gehört uns nicht", sagte Häuptling Seattle. „Wir gehören der Erde." Diese Weisheit traf mich neulich, als ich über die atemberaubende, wilde Wüstenlandschaft in Süd-Utah blickte. Zuvor war ich in Salt Lake City, wo ich eine kleine Friedensgruppe besuchte, die sich seit länger als zehn Jahren jeden Dienstagnachmittag trifft. Sie lesen sich gegenseitig Friedensliteratur vor, teilen einander persönliche Gedanken mit und beten gemeinsam. Die Gruppe bereichert das Leben aller Mitglieder und vertieft ihren Glauben und ihr Gefühl des Friedens.

Nachdem ich diese schöne Gemeinschaft erlebt hatte, fuhr ich nach Moab zum Arches-Nationalpark und Canyonlands-Nationalpark. Die majestätische Wüstenlandschaft und die massive orange Felsformationen zeigen Mutter Erde, wie sie erstaunlicher nicht sein kann. Endlose Ausblicke, orange Klippen, rote Felsen und Canyons – das Ergebnis von 300 Millionen Jahren Erosion – erschienen mir wie der Fingerabdruck des Schöpfers. Sie bieten eine vertraute Begegnung mit dem großen Mysterium. Wenn wir genau zuhören, lehren sie uns eine alte Weisheit: das Wesen des Friedens.

Etwa 2300 natürliche Felsbögen stehen zwischen monumentalen Felsformationen, Klippen, Felsblöcken und Bergen des Arches-Nationalparks. Nichts kann einen auf diese seltsamen, inspirierenden orangen und roten Felsen und Felsbögen, wie sie sich gegen den blauen Himmel abheben, vorbereiten. Am Eingang fährt man entlang der vollkommen orangen Klippen hoch hinauf in die Berge und kommt zunächst bei der Park Avenue an. Dies ist ein enges Tal mit Salbeisträuchern, Zwergkiefern, Kakteen und totem Holz, das zwischen braunen und orangen Klippen und Felsen liegt, die so hoch wie ein zehnstöckiges Haus sind. Es fühlt sich an, als liefe man zwischen den Wolkenkratzern New Yorks, nur dass diese Formationen unendlich viel schöner sind. Dann fährt man weiter nach Windows Delicate Arch und schließlich zum Devil's Garden mit seinen bizarren roten und orangen Klippen, die wie Flossen aus der Erde ragen. In der Ferne breiten sich hundert Meilen Wüste aus und massive Berge erheben sich am Horizont: die fernen Rocky Mountains.

Es verschlug mir die Sprache. Es war ebenso, wie vor dem Grand Canyon oder am Meer zu stehen oder zum Nachthimmel aufzuschauen und eine Million Sterne und die Milchstraße am Nachthimmel zu sehen. Plötzlich war ich sehr klein und ganz unbedeutend in dem großen Weltgeschehen. Mutter Erde kann sehr demütigend sein.

Ich konnte nicht anders, ich musste an den Schöpfer denken. Dort, vor dieser Aussicht trat ich in den Geist des Friedens und der Ruhe ein und lernte atmen und ganz und gar präsent zu sein. Die raue, aber schöne Landschaft bringt einen wieder ins eigene Zentrum. Sie hilft einem dabei, seine Seele zurückzugewinnen, und bewirkt, dass man sich menschlicher fühlt.

Der Arches-Nationalpark ist einer der eindrucksvollsten Orte der Erde, aber er ist nur ein Vorspiel zu Canyonlands. Auch dort verbrachte ich viele Stunden, indem ich umherfuhr, Aussichten genoss und über die Schöpfung meditierte. Canyonlands-Nationalpark ist Utahs Version des Grand Canyon. Er ist leichter zugänglich als der Grand Canyon in Arizona, da der Colorado und der Green-River Canyonlands in drei Teile teilen. Mittendrin liegt das hohe Plateau Island in the Sky, von dessen Mitte aus man in alle Richtungen sehen kann.

Soweit das Auge reicht, sieht man rote, orange, braune und violette Klippen und Canyons und Felsen und Säulen und weiße Salzvorsprünge mit grünen Pinien und Salbeisträuchern über die Landschaft verstreut. Ich hatte das Gefühl, als wäre ich auf dem Mars gelandet. Nichts bewegte sich. Es ist wie ein lebendiges Gemälde.

Es ist so überwältigend, dass ein Teil von einem lieber wegsehen und zum gewöhnlichen Tagesgeschäft zurückkehren möchte. Es ist zu mächtig, zu wirklich, zu viel für Augen, Geist und Herz. Man kann nicht alles aufnehmen.

Ich frage mich, ob das der Grund dafür ist, dass so wenige Menschen Zeit mit Gott verbringen. Gott ist – ebenso wie das Universum – einfach zu groß, zu wahr, zu gut, zu geheimnisvoll, zu alt, zu liebevoll, zu überwältigend. Nur einige wenige Heilige und Mystiker können vor der Wirklichkeit Gottes stehen bleiben.

Nur einige wenige wagen es, vor der Wahrheit Gottes nicht davonzulaufen. Nur einige wenige öffnen dem Geheimnis Gottes ihr Herz. Ich erhebe ganz gewiss nicht den Anspruch, einer dieser wenigen zu sein, aber ich würde gerne einer von ihnen werden und ich weiß, dass ich wie jeder andere auch schließlich vor Gott stehen werde. Canyonlands ist, wie die schönsten Orte auf Mutter Erde generell, ein guter Ort, um vor Gott Demut zu üben. Wir bleiben stehen, öffnen uns dem Universum, erwachen zur Wirklichkeit und warten geduldig in Frieden.

An dem Nachmittag, als ich zum Grand View Lookout kam, waren kaum Touristen dort, so konnte ich das Schweigen in mich aufnehmen, meine Augen dem Anblick vor mir öffnen, mit den Ohren lauschen, Achtsamkeit üben, in einen kontemplativen Frieden eintreten und vor der Offenbarung vollkommen präsent sein.

Beim Versuch, alles in mich aufzunehmen, bemerkte ich, dass alles zerbrochen war: die Felsen, Klippen, Säulen, Felsbrocken und Gipfel. Eben dieses Zerbrochensein, das durch die Erosion der Zeit verursacht worden war, brachte die Schönheit hervor. Darin ist eine Lehre verborgen, dachte ich.

In den letzten Jahren habe ich mich bemüht, mehr gute Zeit in der Natur – am Meer, in der Wüste, an Flüssen und in Bergen und Wäldern und Feldern – und mit ihren Geschöpfen zu verbringen, um eins mit der Erde zu werden und Gott in Gottes Schöpfung und Geschöpfen zu finden. Auch das gehört zu einem gewaltfreien Leben. Ich will mich geerdet und mit der Erde verbunden fühlen, besonders jetzt, da uns der Klimawandel trifft. Ich möchte um das trauern, was wir der Schöpfung und ihren Geschöpfen angetan haben und weiter antun, und ich möchte für Mutter Erde Partei ergreifen. Ich will versuchen, meine noch junge Gewaltfreiheit irgendwie auch auf die Schöpfung und ihre Geschöpfe ausdehnen.

Hat uns der gewaltfreie Jesus nicht genau dazu gedrängt? „Lernt von den Lilien des Feldes ..." „Lernt etwas aus dem Vergleich mit dem Feigenbaum ..." „Seht euch die Vögel des Himmels an ...". Er wollte, dass wir die Wege Gottes so kennenlernen, wie er es getan hat: durch die Schöpfung und durch ihre Geschöpfe.

„Selig die Sanftmütigen, denn sie werden das Land erben", lehrt Jesus in den Seligpreisungen. Gleich dort zu Beginn der Bergpredigt verbindet er unser Leben der Gewaltfreiheit mit unserem Einssein mit der Schöpfung. Wenn wir biblische Sanftmut üben können – kreative Gewaltfreiheit –, werden wir eins mit der Schöpfung. Wir werden auf der Erde gegründet sein, die Schöpfung und ihre Geschöpfe achten und uns zu Hause fühlen. Wir wissen, wer wir sind: Söhne und Töchter des Gottes des Friedens.

Eben unser Getrenntsein von der Schöpfung führt zu der destruktiven Politik, die jetzt den katastrophalen Klimawandel bewirkt. Wir sind nicht geerdet, deshalb erben wir das Land nicht. Wir gehen durchs Leben und verursachen auf allen Ebenen Verwüstung und wissen nichts von der Schönheit und der Weisheit der Schöpfung. Deshalb zögern wir nicht, die Welt zu zerstören. Noch einmal: Das alles geschieht, weil wir nicht wissen, wer wir sind.

Franziskus von Assisi vollzog die heilige Verbindung zwischen Gewaltfreiheit und Schöpfung. Er betete, diente den Armen, übte Gewaltfreiheit, ging umher und sagte: „Pace e bene!" („Frieden und Gutes") zu allen, denen er begegnete. Aber er lernte auch die Namen der Bäume, der Vögel und der Blumen und schlief die meiste Zeit seines Lebens im Freien. Schließlich endete er allein in einer Höhle, da ihn seine eigenen Leute wegen seiner Gewaltfreiheit verworfen hatten. Er wurde eins mit der Schöpfung und ihren Geschöpfen. Seine Gewaltfreiheit führte ihn dazu, dass er „das Land erbe". Er ist ein Vorbild für ein Leben in Gewaltfreiheit, das sich auf die ganze Schöpfung und ihre Geschöpfe erstreckt.

Auch Gandhi stellte diese wichtige Verbindung her. Er schlief in den letzten Jahrzehnten seines Lebens – wie Franziskus – im Freien. Er wusste, dass die Schöpfung die Menschheit erhalten könnte, dass alle Armen der Welt ihr Auskommen hätten, wenn wir gerecht das teilten, was die Welt uns zu bieten hat. Er sagte auch, dass der Maßstab jeder Zivilisation sei, wie sie ihre Tiere behandele. Er achtete die Erde und ihre Geschöpfe und behauptete beharrlich, wir müssten Vegetarier werden. Er lehrte weltumfassende Gewaltfreiheit, die den Himmel auf Erden willkommen heißen werde. Seine Vision muss erst noch erfüllt werden. Er weist den Weg zu einem übergreifenden ganzheitlichen Leben der Gewaltfreiheit.

Jetzt, da wir am Rand eines Abgrunds stehen, müssen wir zur Wahrheit der Wirklichkeit erwachen: dass wir alle eins sind, dass wir physisch mit der Schöpfung und ihren Geschöpfen verbunden sind, dass wir auch gegenüber Erde, Luft und Wasser und allen Geschöpfen gewaltfrei sein müssen, wenn wir überleben und wenn wir in Frieden leben wollen.

In vielen wissenschaftlichen Berichten heißt es, dass eine erschreckende Apokalypse der Gewalt über uns hereinbrechen wird, wenn wir unsere globale Politik und unsere globalen Praktiken nicht grundlegend umstellen. Da am Ende des Jahrhunderts die Weltbevölkerung auf 10 Milliarden angestiegen sein wird, wird es wahrscheinlich mehr als hundert Kriege um Wasser geben, Hungertod wird um sich greifen und Krankheiten und äußerste Armut werden Millionen, vielleicht Milliarden unserer Schwestern und Brüder töten. In einigen hundert Jahren wird nur noch die Hälfte des Planeten bewohnbar sein und die Erdbevölkerung schrumpft vielleicht auf 250 Millionen Menschen.

„Was der Erde geschieht, geschieht den Söhnen und Töchtern der Erde", sagte Häuptling Seattle vor langer Zeit. Er hatte recht. Wir müssen diese Weisheit beherzigen und unser Leben ändern.

Von jetzt an müssen wir etwas unternehmen, um die Schöpfung und ihre Geschöpfe zu schützen, und wir müssen alle Gewalttaten gegen die Umwelt und ihre Zerstörung beenden. Wir können einfacher leben, alternative Energiequellen wie Wind- und Sonnenkraft nutzen, uns Tieren gegenüber gewaltfrei verhalten und unsere Essens- und Kleidungsgewohnheiten umstellen. Wir sollten auch nur so oft Auto fahren und fliegen, wie unbedingt notwendig, und bewusst entscheiden, was wir kaufen und wo wir leben. Wir können unsere örtliche Umgebung erforschen, Bioprodukte essen, Vegetarier werden, uns Freiwilligengruppen anschließen, die die Schöpfung reinigen und schützen, und wir können uns in ihre Schönheit versenken. Dazu können wir uns Bewegungen anschließen, die gegen die Zerstörung der Erde Widerstand leisten – vom Fracking und dem Gebrauch von Öl bis zu den großen Schlachthäusern und bis zum Krieg und Atomwaffen, die die Schöpfung zerstören. Wenn wir uns dem Kampf anschließen, Partei für Mutter Erde zu ergreifen und die zerstörerischen Systeme durch eine Politik-für-die-Erde zu ersetzen, schließen wir uns dem Universum selbst an und finden den Gott des Friedens überall um uns her.

Wo fangen wir an? Umweltgruppen raten zu vielen konkreten Schritten. Zum Beispiel bietet www.50waystohelp.com eine Liste mit verschiedenen einfachen Maßnahmen an: Glühlampen austauschen, Computer über Nacht ausstellen, alles recyceln, weder Geschirr [vor]spülen noch den Backofen vorheizen, kalt oder warm, nicht heiß, waschen, Wäsche zum Trocknen aufhängen, keine Papiertischtücher, beide Seiten eines Blattes beschreiben, Papier recyceln, keine Wannenbäder nehmen, keine Plastiktüten benutzen, keine Plastikflaschen benutzen, kürzer duschen, weniger Auto fahren, mehr Fahrrad fahren, das Licht ausschalten, keine Plastikgegenstände benutzen, weniger Heizung und Klimaanlage nutzen, „lokal" kaufen, Bäume pflanzen und so weiter.

Die Umweltschützerin Sarah van Gelder schlägt drei grundlegende Maßnahmen vor, um den zur Katastrophe führenden Klimawandel anzupacken:

Erstens: Versteht die Realität. So sieht die Zukunft nicht aus, die wir uns wünschen. Besonders junge Menschen haben das Recht, enttäuscht, wütend und ängstlich zu sein. Wir brauchen Mut, um dieser neuen Normalität gegenüberzutreten, besonders wenn sich so viele von dem, was geschieht, abkoppeln. Wenn wir auf unsere Gefühle achten, können wir Angst und Trauer erfahren, ohne uns von diesen Gefühlen überwältigen zu lassen. Und wenn wir aufmerksam beobach-

ten, wie die Klimakrise in unserem Leben eine Rolle spielen kann, sind wir besser vorbereitet und widerstandsfähiger …
Zweitens: Bezieht Stellung. Vielleicht ist es zu spät, den Klimawandel aufzuhalten, aber wahrscheinlich können wir die katastrophalsten Folgen des Klimawandels aufhalten. Menschen aller Altersgruppen erheben sich, um Abbau, Transport und Verbrennen fossiler Brennstoffe zu blockieren, und fordern die Macht der Lobby der fossilen Brennstoffe heraus. Einige tun das, um Wasser oder Luft ihrer Gemeinden und ihre Gesundheit zu schützen, andere sind durch ihre Sorge um die Beständigkeit des Klimas und das Leben künftiger Generationen motiviert. …
Drittens: Überlegt euch, wie man die konsumorientierte, energieintensive Lebensweise, die sowohl für viele unserer Familien als auch für den Planeten unerschwinglich ist, durch eine andere Lebensweise ersetzen kann. Besonders junge Leute finden Befriedigung in dem, was sie selbst beitragen: in tiefen Freundschaften und persönlicher Entwicklung – und nicht in materiellem Besitz. Wenn wir Beziehungen aufbauen, die sich auf Vertrauen und Gegenseitigkeit gründen, erhöht das unsere Lebensqualität und Widerstandsfähigkeit und bildet die Grundlage für eine Welt, in der das Leben und nicht der Konsum im Mittelpunkt steht, eine Welt, die in den Grenzen unseres kleinen Planeten gedeihen kann.
Die Nachrichten über das Klima sind beängstigend, aber wir brauchen nicht auf Skeptiker oder Politiker zu warten, um das zu begreifen. Wir können jetzt handeln, indem wir uns klarmachen, was geschieht, indem wir Stellung beziehen, um weitere Schädigungen unseres Klimas aufzuhalten, und indem wir zusammen daran arbeiten, eine Welt aufzubauen, in der die kostbare Vielfalt des Lebens auf diesem Planeten wertgeschätzt wird – darunter auch das heutige und künftige Leben der Menschen.[8]

---

[8] Climate Change is Happening but We can Meet the Challenge. The Guardian: 8. Juni 2013. https://www.commondreams.org/views/2013/06/08/climate-change-happening-we-can-meet-challenge

Daran dachte ich, als ich vor den majestätischen Canyonland-
schaften von Utah stand und versuchte, die Schönheit der hin-
reißenden Wüstenlandschaft in mich aufzunehmen und gleichzeitig an die Gewalt zu denken, die wir dem allen antun: Fracking, Ölbohrungen, Vergiften von Wasser und Land, Bau und
Einsatz von Atomwaffen, Ignorieren des Verhungerns von Millionen, Abwerfen von Bomben und Aufrechterhalten einer Kultur
ständigen Krieges. Können wir uns dafür entscheiden, die
Schöpfung zu beschützen, unsere destruktive Politik rückgängig
zu machen, und uns retten? Der Gott des Friedens hofft, dass wir
das tun werden.

Wenn wir bewusst versuchen, Gewaltfreiheit der Erde gegenüber zu üben, werden wir ebenso sorgsam versuchen, gewaltfrei gegen alle ihre Geschöpfe zu sein: Hunde, Katzen, Pferde, Kühe, Hühner, Schafe, Vögel, Wölfe, Schlangen, Insekten, Gi-
raffen, Elefanten, Nashörner, Löwen, Tiger und alle anderen. Die
Misshandlung, die Gewalt und das Töten von Tieren auf dem
ganzen Planeten sind gewissenlos, jenseits aller Vorstellungen
und sie werden für selbstverständlich gehalten. In den USA
greift die Grausamkeit gegen Tiere um sich. In aller Welt gilt
Gewalt gegen Geschöpfe als völlig normal.

Wir müssen unsere Beziehung zu den wunderbaren Geschöpfen, die Gott uns anvertraut hat, überdenken. Wir können damit
aufhören, sie zu töten, aufhören, sie zu essen, und anfangen, für
sie zu sorgen. Wir können PETA[9] und unseren lokalen um
Menschlichkeit bemühten Vereinigungen beitreten. Solche Organisationen sorgen dafür, dass wir aufmerksamer werden, sie
stärken unsere weltumfassende Gewaltfreiheit und helfen uns
dabei, andere in Gewaltfreiheit gegenüber den Geschöpfen der
Erde zu belehren.

Ebenso wie die Schöpfung selbst, lehren Tiere uns etwas über
uns. Sie zeigen uns, wie man menschlich sein kann. Wenn wir
wagen, unsere Gewaltfreiheit auf sie auszudehnen, verweisen sie
uns auf den Schöpfer, auf die Quelle des Lebens, auf die Weis-

---

[9] People for the Ethical Treatment of Animals https://www.peta.de/

heit des Friedens. Hunde und Katzen erweisen uns Liebe und Zärtlichkeit, Pferde inspirieren uns mit ihrer Intelligenz und die Majestät der großen Geschöpfe – Tiger, Wale, Elefanten – setzt uns in Erstaunen. Warum sollten wir sie schädigen oder töten? Für Geld? Sie lehren uns, obwohl sie so wild sind, neue Tiefen der Gewaltfreiheit. Auch Tiere sind heilig, denn sie tragen das Leben in sich, das ihnen Gott gegeben hat.

Am Ende meines Tages in Canyonlands fragte ich im Besucherzentrum eine der Rangerinnen, eine ältere Frau aus Minnesota mit weißem Haar und freundlichem Lächeln, was das alles bedeute. „Ich bin angesichts dieser Canyons sprachlos", bekannte ich.

„Sie sind auf der richtigen Spur", sagte sie lächelnd und zeigte auf mein Herz. „Diese Canyons, Felsen, Klippen und Flüsse berühren uns sehr tief. Sie verbinden sich mit unserer Seele. Unsere Aufgabe ist es, innerlich bei ihnen zu bleiben und ihnen zuzuhören."

Seit Jahrhunderten breiten diese heiligen Landschaften ein stummes Friedenszeugnis vor uns aus. Wenn ich mein Ohr auf den Boden lege, höre ich ein Gebet: Wir sollen unser wahres Wesen, das gewaltfrei ist, und unsere „Demut" wiedergewinnen und tun, was wir können, um die Schöpfung und ihre Geschöpfe zu schützen, damit wir die Erde und künftige Generationen vor unserer sinnlosen Gewalt retten mögen. Es lohnt sich, dafür zu kämpfen. Dieser Kampf bietet uns den Segen Jesu und die Erde als unser persönliches Erbe an.

Wenn wir an Bewusstheit und Verehrung gegenüber der gesamten Schöpfung und ihren Geschöpfen zunehmen und etwas tun, um den Planeten und alles Leben zu retten, werden wir neue Tiefen der Gewaltfreiheit entdecken und wir werden zur Geburt weltumfassender Gewaltfreiheit beitragen.

FRAGEN ALS ANSTOß
FÜR PERSÖNLICHE ÜBERLEGUNGEN
UND FÜR GESPRÄCHE IN KLEINGRUPPEN

- Wie können wir gewaltfreier gegenüber denen werden, die wir schon kennen und die wir kennenlernen? Wem gegenüber müssen wir unsere Gewaltfreiheit verbessern: unserer Familie, Freunden, Menschen am Arbeitsplatz, Menschen in der Kirchengemeinde und in Friedensgruppen? Wie können wir eine sorgfältig überprüfte zwischenmenschliche Gewaltfreiheit üben?
- Wer stellt unsere Gewaltfreiheit auf eine besonders harte Probe?
- Wie üben wir Gewaltfreiheit gegenüber denen, die gewalttätig gegen uns sind?
- Wo finden wir den Gott des Friedens, wenn wir zwischenmenschliche Gewaltfreiheit üben?
- Wie können kleine, gewöhnliche, alltägliche Begegnungen uns dabei helfen, unsere Gewaltfreiheit zu stärken, damit wir bei unserer Arbeit in der Öffentlichkeit, bei Demonstrationen und in unseren Bewegungen Gewaltfreiheit besser ausüben können?
- Auf welchen Gebieten unseres Lebens – zum Beispiel beim Autofahren – können wir gewaltfreier werden?
- Wie können wir inklusivere Friedens- und Gewaltfreiheitsgruppen in unserem Leben schaffen?
- Wie können wir dazu beitragen, dass unsere lokalen Gemeinschaften zu Gemeinschaften der Gewaltfreiheit werden?
- Wie können wir eine neue Gemeinschaft des Friedens und der Gewaltfreiheit um uns herum ins Leben rufen?
- Auf welche Weise unterstützen wir die zur Katastrophe führende Gewalt gegen die Umwelt und ihre Geschöpfe? An welchen Stellen müssen wir unsere Gewohnheiten und unsere Lebenssituation verändern, damit wir der Schöpfung

und ihren Geschöpfe nicht schaden? Wie können wir gewaltfreier zu Tieren und überhaupt zu allen Geschöpfen sein?

- Was können wir tun, um die Schöpfung und ihre Geschöpfe zu schützen und zu erhalten? Wie können wir unsere Achtung und Verehrung für die Schöpfung und ihre Geschöpfe vertiefen?
- Wo in der Schöpfung und in ihren Geschöpfen finden wir den Gott des Friedens?

Dritter Teil

Sich der globalen Basisbewegung der Gewaltfreiheit anschließen

Wir dürfen Wahrheit und Gewaltfreiheit nicht zur Angelegenheit bloßer individueller Praxis machen, sondern wir müssen sie zur Praxis von Gruppen und Gemeinschaften und Nationen machen. Das ist jedenfalls mein Traum. Ich werde leben und sterben, um diesen Traum zu verwirklichen.

GANDHI

Der Mensch beginnt erst dann zu leben, wenn er sich über die engen Begrenzungen seiner individualistischen Sorgen zu den breiter angelegten Sorgen für die gesamte Menschheit erheben kann.

MARTIN LUTHER KING, JR.

Wir sind dazu berufen, gewaltfrei zu leben, selbst wenn der soziale und politische Wandel, für den wir arbeiten, tatsächlich unwahrscheinlich oder sogar unmöglich ist.

DANIEL BERRIGAN

Höchste Zeit, dass die Menschen sich zu ihrer vollen moralischen und spirituellen Höhe erheben, sich die Welt auf ihre Schultern laden und sagen: „Ich will die Erde retten!"

DR. HELEN CALDICOTT

Wir können die Welt verändern, wenn wir es gewaltfrei tun. Wenn wir den Menschen nur zeigen können, wie man sich gewaltfrei organisiert, können wir nicht fehlgehen. Gewaltfreiheit hat niemals versagt, wenn Menschen es mit ihr versucht haben.

CESAR CHAVEZ

11. Es gibt eine globale Basisbewegung
der Gewaltfreiheit und
sie verändert die Welt zum Besseren

Malcolm X sagte einmal: „Gewaltfreiheit ist gut, solange sie funktioniert". Tief in seinem Innern dachte er wahrscheinlich – wie die meisten von uns –, dass sie nicht funktioniert. Wenn man nur den Sender FOX-News sieht, wird man nie erfahren, dass organisierter gewaltfreier Widerstand auf nationaler Ebene jemals eine deutliche gewaltfreie Veränderung bringen konnte und dass eine globale Basisbewegung der Gewaltfreiheit sich langsam über die Welt ausbreitet. Weder in der New York Times noch in der Washington Post liest man viel darüber. Die Mainstream-Medien in den USA sind nicht an einem gewaltfreien sozialen Wandel interessiert. Sie versuchen, Milliarden zu verdienen – und darum geht es ja bei Gewaltfreiheit nicht.

Kriege, Waffen, Armut und destruktive Umweltpolitik bedrohen uns alle. Zur selben Zeit sind allerdings Menschen in Bewegung und treiben einen gewaltfreien Wandel voran. Überall in der Welt wachen die Menschen auf, versammeln sich, organisieren sich, demonstrieren, sagen ihre Meinung und stellen damit die Kultur der Gewalt und Ungerechtigkeit infrage. Menschen, die nur mit der Macht der Gewaltfreiheit bewaffnet sind. Und sie bewirken positive und nachhaltige Veränderungen.

Wegen der globalen Bewegung der Gewaltfreiheit ist unsere Zeit eine der aufregendsten der Geschichte, in der man leben kann. Schließlich sind wir gezwungen, aufzuwachen und zu erkennen, was unsere globale Gewalt uns antut – und inwiefern organisierte Gewaltfreiheit das Potenzial hat, etwas für uns zu tun.

„Wir haben nicht mehr die Wahl zwischen Gewalt und Gewaltfreiheit", sagte Dr. King am Abend, bevor er in Memphis erschossen wurde, „sondern zwischen Gewaltfreiheit und Nichtexistenz". Wie recht er hatte! Wenn wir nicht Menschen der Gewaltfreiheit werden und uns dieser globalen Bewegung anschließen, werden wir uns selbst vernichten. Wir müssen uns

sowohl als Individuen als auch national und global für Gewaltfreiheit entscheiden. Auch wenn die Macht des Militärs und der
destruktiven Politik der US-Regierung mitsamt den übrigen
Mächten der Welt als unbesiegbar erscheinen, breitet sich die Basisbewegung weiter über den Globus aus und strebt einen gewaltfreien Wandel für Gerechtigkeit und Frieden an. Da Veränderungen nur von unten nach oben möglich sind, sind diese Bewegungen sehr vielversprechend – aber nur dann, wenn wir uns
alle daran beteiligen.

Die meisten sagen: Gewaltfreiheit hätte gegen die Nazis niemals funktioniert. Aber das stimmt nicht. Wo organisierter gewaltfreier Widerstand unternommen wurde, funktionierte er: in
Dänemark, Norwegen und Bulgarien und in Widerstandsnestern
in ganz Europa. Der gewaltfreie Widerstand gegen die Nazis
muss noch genauer erforscht und überregional gelehrt werden.
Wenn die Menschen in Europa in Disziplin und Macht des gewaltfreien Wandels trainiert gewesen wären und wenn sie die
Infrastruktur für gesellschaftsweiten gewaltfreien Widerstand
vor oder während des Aufstiegs des „Dritten Reiches" entwickelt hätten, wäre Gewaltfreiheit wahrscheinlich umfassender
eingesetzt worden. Dort, wo Gewaltfreiheit eingesetzt wurde,
wurde der Einsatz oft improvisiert. Angesichts des Erfolges in
Ländern wie Dänemark kann man sich vorstellen, dass systematische, massenweise Nichtzusammenarbeit mit der üblen Politik
der Nazis – ein wie großes Risiko ein solcher Widerstand auch
gewesen wäre – das deutsche Projekt infrage gestellt hätte. Natürlich hätte das großen Mut, Training und Organisation und
ebenso die Fähigkeit erfordert, klug die Zeichen der Zeit zu erkennen, um schon in den frühen Stadien des „Dritten Reiches"
eine [europa]weit verbreitete gewaltfreie Opposition mit dem
Ziel aufzubauen, die sozialen, kulturellen, politischen und wirtschaftlichen Pfeiler, auf denen das „Dritte Reich" ruhte, zu er-
schüttern.

Wir haben gesehen, wie der gewaltsame Widerstand gegen
die Nazis viele Menschen – Sowjets ebenso wie Amerikaner –
dazu führte, ‚wie Nazis' zu werden, bis zu dem Punkt, dass sie

Hunderttausende in Japan durch Atomwaffen verglühen ließen und dass sie sich auf den Wahnsinn eines fünfzig Jahre währenden Kalten Krieges einließen, der die gesamte Menschheit bedrohte. Wir müssen wahnsinnige militaristische Nationen die Macht des organisierten gewaltfreien nationalen Widerstandes lehren. Wir müssen uns auf die weite Reise machen, die Nationen zu entwaffnen – und dabei müssen wir mit der größten Supermacht der Welt beginnen: den Vereinigten Staaten – und wir müssen die Vereinten Nationen stärken, damit sie international gewaltfreie Konfliktlösungen und neue Verteidigungssysteme auf gewaltfreier ziviler Basis koordinieren. Das alles ist möglich, wenn wir den politischen Willen und die geistliche Haltung haben, es wahr werden zu lassen.

Mitten in den schlimmsten Schrecken des zwanzigsten Jahrhunderts entfalteten sich die am besten organisierten Bewegungen der Gewaltfreiheit in der Geschichte. Das begann mit Gandhis gewaltfreiem Unabhängigkeitskampf gegen den britischen Imperialismus und mit Dr. Kings gewaltfreier Bürgerrechtsbewegung gegen die rassistische amerikanische Rassentrennung. Wir vergessen leicht, dass diese Bewegungen zu Tausenden anderer gewaltfreier Bewegungen führten, die sich noch heute entfalten. Die Anti-Vietnam-Krieg-Bewegung, die Frauenbewegung, die Umweltbewegung, die Schwulen- und Lesbenbewegung, die Bewegung gegen die Todesstrafe, die Anti-Atomwaffen-Bewegung und zahllose andere Bewegungen verdanken der Vision und den strategischen Aktionen Gandhis und Kings überaus viel. Innerhalb von Jahrzehnten wurde die Diktatur von Marcos gestürzt, die Sowjetunion brach zusammen, die Apartheid wurde abgeschafft, Nelson Mandela wurde Präsident Südafrikas, Frauen in Liberia stürzten gewaltfrei die todbringende Diktatur von Charles Taylor, die Occupy-Bewegung bekämpfte die Gier der Wall Street, der Arabische Frühling weckte die auf, die unter Diktatoren im Nahen Osten und Nordafrika lebten, und Millionen marschierten gegen die Armut in Brasilien. Und das sind nur die bekanntesten Beispiele. Mehr als 900 weitere Fälle werden auf der Global Nonviolent Action Database dokumentiert und analysiert.[1]

Am 12. Februar 2003 marschierten etwa zwölf Millionen in mehr als 620 Städten auf allen Kontinenten, um gegen einen Krieg zu protestieren, der noch nicht einmal begonnen hatte. Es war der allergrößte Protest in der Weltgeschichte. Das allein war schon ein unglaublicher historischer Durchbruch, der immer noch verspricht, gute Früchte für die Menschheit zu tragen. Der Angriff der USA auf den Irak wurde dadurch nicht verhindert, aber die Friedensbewegung wuchs weiter und schuf schließlich die Bedingungen dafür, dass der Krieg beendet wurde. In der New York Times hieß es am Tag nach der globalen Mobilisierung in einem Leitartikel: Jetzt hat die Welt zwei Supermächte: die Vereinigten Staaten und die globale Basisbewegung für Frieden.

Wenn wir unsere politische Macht für positiven Wandel einsetzen, entdecken wir, dass wir stärker sind, als wir gedacht hatten. Diese Basisbewegung für Frieden braucht jeden von uns, wenn sie blühen und eine gute Ernte bringen soll. Sie braucht unser Vollzeitengagement, unsere lebenslange beständige Teilnahme, besonders angesichts des Ernstes unserer globalen Zwangslage.

„Wir können die Welt verändern, wenn wir es gewaltfrei tun", hat Cesar Chavez einmal gesagt. „Wenn wir nur den Menschen zeigen, wie sie sich gewaltfrei organisieren können, können wir nicht fehlgehen. Gewaltfreiheit hat niemals versagt, wenn Menschen es mit ihr versucht haben."

Walter Wink und andere weisen darauf hin, dass sich in den letzten Jahrzehnten etwa zwei Drittel der Menschheit persönlich an lokalen, nationalen oder internationalen Kämpfen für Gerechtigkeit und Frieden beteiligt haben. Das ist eine erstaunliche Tatsache, von der wir in den Abendnachrichten nichts hören. Die Menschen bewegen sich tatsächlich. Sie beteiligen sich an der Veränderung des ungerechten Status quo. Und sie setzen nur die

---

[1] Vgl. https://nvdatabase.swarthmore.edu/ .

Waffe ein, die ihnen zur Verfügung steht: die Macht der Gewaltfreiheit. Was noch erstaunlicher als die große Zahl der an diesem
aufkommenden globalen Kampf Beteiligten ist, ist der Beweis,
dass es funktioniert, wenn aktive organisierte Gewaltfreiheit auf
fest verwurzelte gewalttätige Establishments angewendet wird.

Im Gegensatz zu Gewalt werden von den auf Krieg fixierten
Medien organisierte gewaltfreie Bewegungen meist ignoriert. Sie
sind langsam und werden selten im Fernsehen gebracht. Während Gewalt die Abendnachrichten beliefert – mit täglichen terroristischen Bombardements, Drohnenangriffen, Gier der Konzerne und Lügen über das Militär –, ist Gewaltfreiheit schwer zu
messen, schwer zu quantifizieren und manchmal schwer zu sehen. Und doch nimmt sie zu und wächst langsam, bis sie plötzlich wie eine Flutwelle aus dem Nirgendwo hervorbricht – wie
die Macht-von-unten-Bewegung, die die Diktatur des Philippi-
ners Marcos in vier Tagen wegfegte. Plötzlich geschieht eine
friedliche Revolution und die Straßen füllen sich mit Feiernden.
Niemand fragt jemals, wie das geschehen ist. Gewöhnlich sind
dem Jahre vorausgegangen, ja sogar Jahrzehnte, in denen in aller
Stille eine Bewegung aufgebaut und organisiert und Freiwillige
in Gewaltfreiheit trainiert wurden.

Die Medien berichten lieber über das Blutvergießen im Krieg.
Sie sagen, Frieden sei langweilig. Was sie nicht wissen, ist, dass
Frieden unsere einzige Hoffnung und überhaupt nicht langweilig ist. Das würden sie merken, wenn sie es wagten, unseren
provozierenden friedensstiftenden Denkern mehr Sendezeit zu
geben. Viele Friedensstifter sind recht charismatisch und es ist
oft packend zuzusehen, wie sich Friedensbewegungen entfalten.
Es ist erstaunlich, wie sich ganz normale Leute der Sache anschließen, gestärkt werden und sich aktiv für Gerechtigkeit und
Frieden einsetzen. Das ist die Geschichte gewöhnlicher Leute wie
Rosa Parks, Fannie Lou Hamer, John Lewis und Bayard Rustin,
die zu legendären Bürgerrechtshelden und -heldinnen wurden.
Es ist die Geschichte eines jeden, der an der globalen Basisbewegung der Gewaltfreiheit teilnimmt.

Gewaltfreier Widerstand funktioniert

Vor Kurzem veröffentlichte Columbia University Press ein ungewöhnliches wissenschaftliche Buch, in dem bewiesen wird, dass Gewaltfreiheit als Methode, sozialen Wandel zu bewirken, weit besser als Gewalt funktioniert. Dieses bahnbrechende Werk zeigt, dass Gandhi auf der ganzen Linie mit seiner Behauptung recht hatte, dass die Methode des gewaltfreien Widerstandes als Weg zum sozialen Wandel gewöhnlich zu einem dauerhafteren Frieden führe, während Gewalt das gewöhnlich nicht erreicht. Es fordert uns alle heraus, diese Methode des globalen Wandels zu lehren und mehr noch: uns am Kampf zu beteiligen.

Erica Chenoweth und Maria J. Stephan benutzen in ihrem Buch „Why Civil Resistance Works: The Strategic Logic of Nonviolent Conflict" Grafiken, Diagramme, soziologische Untersuchungen und statistische Analysen, um zu zeigen, wie im letzten Jahrhundert gewaltfreie Bewegungen viel besser in der Lage waren, Unterstützer zu mobilisieren, gegen Gewalttaten eines Regimes Widerstand zu leisten, neue Initiativen zu schaffen, unterdrückerische Regime zu besiegen und dauerhafte Demokratien zu errichten. In ihrer Beweisführung kommen sie zu der Schlussfolgerung, dass gewaltfreier Widerstand beim Stürzen bedrückender und unterdrückerischer Regime und beim Aufbau demokratischerer Gesellschaften weit besser als bewaffneter Widerstand funktioniert.[2]

Dieser Bericht sollte die gesamte Welt dazu veranlassen, sich auf gewaltfreie Konfliktlösungen zu verlegen und gewaltfreien Widerstand gegen Ungerechtigkeit zu üben, anstatt dass an vielen Orten der Welt die überholten und veralteten Methoden des Krieges und der Gewalt aufrechterhalten werden.

„Why Civil Resistance Works" ist die erste systematische Untersuchung ihrer Art und führt noch über die glänzende For-

---

[2] CHENOWETH, Erica / STEPHAN, Maria, Why Civil Resistance Works: The Strategic Logic of Nonviolent Conflict, New York: Columbia Univ. Press, 2012. Eine Zusammenfassung auf deutsch unter www.soziale-verteidigung.de/uploads/ tx_ ttproducts/.../Chenoweth-Web.pdf.

schung Gene Sharps und anderer bahnbrechender Analytiker der Macht der Gewaltfreiheit hinaus, um uns ein für allemal die Macht des gewaltfreien zivilen Widerstandes für positiven sozialen Wandel zu beweisen. Man wünschte sich, die US-Regierung würde ihre Lektion lernen, auf Gewalt verzichten und gewaltfreie Basisbewegungen unterstützen. Aber wenn die Regierung die Weisheit der Gewaltfreiheit zurückweist, dürfen wir, die ‚Regierten', nicht ebenso naiv und unwissend sein. Wir müssen unsere Hausaufgaben machen und erfahren, was in den vergangenen Kämpfen Erfolg hatte, wenn wir uns nun auf noch größere Kämpfe einlassen.

Länger als ein Jahrhundert – von 1900 bis 2006 – waren Kampagnen des gewaltfreien Widerstandes „beim Erreichen der Ziele, die sie sich gesetzt hatten, mehr als doppelt so effektiv wie ihre gewaltsamen Entsprechungen". Diesen Schluss ziehen die Autorinnen. Dadurch, dass diese Kampagnen durch Proteste, Boykotts, zivilen Ungehorsam und andere Formen der gewaltfreien Nichtzusammenarbeit weite Unterstützung in der Bevölkerung gewonnen hatten, brachten sie repressive Regime zum Zusammenbruch und bewirkten große Veränderungen hinsichtlich Gerechtigkeit und Frieden. Um ihre Schlussfolgerungen zu verdeutlichen, konzentrieren sich die Autorinnen in einem großen Teil des Buches auf vier Fallstudien: die Iranische Revolution von 1977-79, die erste palästinensische Intifada von 1987-92, die Macht-von-unten-Revolution auf den Philippinen von 1983-86 und den Aufstand in Burma von 1988-90.

Mithilfe ihrer statistischen Analyse fanden sie heraus, dass gewaltfreier Widerstand „weniger moralische und physische Hindernisse für Beteiligung und Engagement [darstellt], und wenn mehr Menschen sich beteiligen, trägt das dazu bei, die Ausdauer zu erhöhen, es bedeutet größere Gelegenheiten für taktische Innovation und zivile Störungen (und deshalb weniger Anreiz für ein Regime, seinen Status quo aufrechtzuerhalten) und es verändert die Loyalitätsverhältnisse bei den Unterstützern der Gegner, darunter auch Mitgliedern des militärischen Establishments."

Im Gegensatz zur weitverbreiteten Ansicht, sind „gewaltsame Aufstände [...] selten strategisch zu rechtfertigen." Die Autorinnen schreiben: „Gewaltfreier Widerstand führt zu dauerhafteren und nach innen friedlichen Demokratien; diese fallen mit geringerer Wahrscheinlichkeit in den Bürgerkrieg zurück."

In ihrer Einleitung erklären die Autorinnen: „Wir haben 323 gewaltsame und gewaltfreie Widerstandskämpfe zwischen 1900 und 2006 analysiert":

> „Darunter sind mehr als hundert große gewaltfreie Kampagnen seit 1900; ihre Häufigkeit hat mit der Zeit zugenommen. Neben der Zunahme ihrer Häufigkeit haben auch die Erfolgsquoten gewaltfreier Kämpfe zugenommen. Wie verhält sich das im Vergleich zum Erfolg gewaltsamer Aufstände? Man könnte denken, die Erfolgsquoten der gewaltfreien und der gewaltsamen Aufstände hätten gleichermaßen zugenommen. Aber unsere Daten zeigen, dass das Gegenteil der Fall ist: Zwar gibt es weiterhin gewaltsame Aufstände, aber ihre Erfolgsquote hat abgenommen. Der erstaunlichste Befund ist, dass Kampagnen gewaltfreien Widerstands zwischen 1900 und 2006 mit fast doppelt so großer Wahrscheinlichkeit Teil- oder Ganzerfolge erzielt haben wie die gewaltsamen. Unter den 323 Kampagnen in Fällen von Widerstand gegen das Regime hat der Einsatz einer gewaltfreien Strategie die Erfolgswahrscheinlichkeit erheblich vergrößert ... In diesem Buch untersuchen wir die Gründe dafür, dass – entgegen der landläufigen Ansicht – zivile Widerstandskämpfe im Vergleich zu den gewaltsamen so effektiv waren."

Die Autorinnen berichten, dass 26% der gewaltsamen Kämpfe erfolgreich waren, während 54% der gewaltfreien Kampagnen Erfolg hatten. „Kampagnen gewaltfreien Widerstands sind beim Erreichen ihrer Ziele doppelt so effektiv wie gewaltsame. [...] Gewaltfreie Kämpfe erreichen ihre Ziele in dem Fall nicht, wenn sie nicht genügend Teilnehmer finden, wenn es nicht gelingt, eine starke, vielfältige Mitgliedschaft auf breiter Basis zu rekrutieren, die die Machtbasis des Gegners untergräbt und angesichts von Unterdrückung ihre Widerstandskraft aufrechterhalten kann."

Darum müssen wir uns alle beteiligen, um dazu beizutragen, dass gewaltfreie Kämpfe ihr Ziel erreichen!

Die Untersuchung beweist die Überlegenheit des gewaltfreien Widerstandes auf jeder Ebene, auch gegen Regime, die Völkermord betreiben. Dazu heißt es: „Die Behauptung, gewaltfreier Widerstand hätte gegen Völkermörder wie Adolf Hitler und Joseph Stalin nicht funktionieren können, ist der klassische Strohmann, der vorgeschoben wird, um die dieser Form des Kampfes angeblich innewohnenden Begrenzungen aufzuzeigen":

„Dass gewaltfreier Widerstand nicht effektiv geleistet werden kann, wenn der Völkermord bereits voll im Gange ist, wird durch keine harten empirischen Beweise gestützt. Kollektiven gewaltfreien Kampf mit strategischer Vorplanung gab es im Zweiten Weltkrieg nicht und er wurde auch nie als umfassende Widerstandsstrategie gegen die Nazis in Betracht gezogen. Gewaltsamer Widerstand, den einige Gruppen versuchten, um die Besetzung durch Nazi-Deutschland zu beenden, war tatsächlich ein totaler Fehlschlag. Forscher haben jedoch herausgefunden, dass bestimmte Formen kollektiven gewaltfreien Widerstandes gelegentlich gegen Hitlers Besatzungspolitik Erfolg hatten. Der Fall des Widerstandes der dänischen Bevölkerung gegen die deutsche Besatzung ist ein Beispiel für teilweise effektiven zivilen Widerstand in einem äußerst schwierigen Umfeld.

Der berühmte Fall des Protests in der Rosenstraße, als deutsche Frauen ‚arischer Abstammung' eine Woche lang vor dem Gefängnis in der Rosenstraße in Berlin standen und die Freilassung ihrer jüdischen Ehemänner forderten, die in Konzentrationslager deportiert werden sollten, ist ein weiteres Beispiel begrenzter Gewinne des zivilen Widerstandes gegen ein völkermörderisches Regime. Die Anzahl der deutschen

Frauen stieg, je länger die Proteste andauerten, und sie erregten mehr Aufmerksamkeit und störten mit ihren anhaltenden gewaltfreien Protesten so sehr, dass die Nazibeamten die jüdischen Ehemänner schließlich freiließen. [...] Die Vorstellung, dass gewaltfreie Aktion nur Erfolg haben kann, wenn der Gegner keine gewaltsame Unterdrückung ausübt, ist weder theoretisch noch historisch bewiesen."

Weiter heißt es in der Studie: Diese Untersuchungen „verlangen nach Forschern, die das Thema Macht und ihre Quellen in allen Gesellschaften und in jeder Politik neu überdenken. [...] Unsere Befunde zeigen, dass Macht tatsächlich von der Zustimmung der Zivilbevölkerung abhängt, einer Zustimmung, die entzogen und die dann legitimeren oder verlockenderen Parteien zugewendet werden kann. [...] Wir hoffen, dass dieses Buch die herkömmliche Ansicht hinsichtlich der Wirksamkeit von gewaltfreiem Kampf infrage stellt und Forscher und Politiker dazu anregt, die Rolle ernst zu nehmen, die Zivilpersonen in aktiv betriebenen Konflikten spielen, ohne zur Gewalt zu greifen."

Ich glaube seit langer Zeit, dass Gandhi – und Jesus – sowohl aus moralischen als auch aus praktischen Gründen recht hatten, auf der Methode des gewaltfreien Widerstandes zu bestehen, aber jetzt liegen Tatsachen vor. In dieser wissenschaftlichen Studie wird die Wirksamkeit der Methode bewiesen.

„Gewaltfreier Widerstand kann selbst unter den unwahrscheinlichsten Umständen eine nahezu unaufhaltsame Kraft zur Veränderung unserer Welt sein." Diesen Schluss ziehen die Wissenschaftlerinnen. Ihre Untersuchung bestätigt Gandhis Einsicht, dass mobilisierter gewaltfreier Widerstand die beste Waffe sei, um auf friedliche Weise einen Wandel zu erreichen. Der einzige Haken an der mobilisierten globalen gewaltfreien Bewegung für sozialen Wandel ist, dass sie die Beteiligung aller erfordert. Wir alle müssen uns persönlich an der globalen Basisbewegung der Gewaltfreiheit beteiligen.

Das heißt: du und ich – wir alle.

12. Dr. Kings Liste
der zu erledigenden Aufgaben

Als sich Rosa Parks weigerte, hinten im Bus zu sitzen, brach sie damit das Gesetz der Rassentrennung und wurde dafür am 1. Dezember 1955 verhaftet. Danach wählte bekanntlich die afroamerikanische Führung in Montgomery, Alabama, den jungen Pastor Dr. Martin Luther King, Jr., ihre Kampagne anzuführen. Damals war er noch unbekannt. Gewiss erwartete niemand, er werde wie ein dem Moses gleicher Turm der Kraft aufsteigen. Damals dachte niemand, dass er sich auf Gandhis Methode des gewaltfreien Widerstandes berufen und diese in christlicher Sprache zur Grundlage des Boykotts machen würde. Aber vom ersten Tag an war er eine Kraft, mit der zu rechnen war.

Mit Unterstützung von Bayard Rustin und Glenn Smiley vom Versöhnungsbund formulierte Dr. King eine Methode der Gewaltfreiheit, die immer noch glaubhaft klingt. Es ist eine Ethik des gewaltfreien Widerstandes und auch eine Strategie der Hoffnung, die uns heute in den Tausenden von Bewegungen in aller Welt, die der in Montgomery ähneln, helfen kann. Darunter auch die Occupy-Bewegungen und die laufenden Bewegungen des Arabischen Frühlings.

In seinem Bericht über die Montgomery-Bewegung „Stride Toward Freedom" von 1958 skizziert Dr. King seinen Weg der Gewaltfreiheit.[3] Darin erzählt er die Geschichte der Bewegung und seiner persönlichen Reise und nennt sechs grundlegende Prinzipien der Gewaltfreiheit. Bis zum Tag, an dem er starb, lebte und lehrte Dr. King diese wesentlichen Bestandteile der aktiven Gewaltfreiheit.

Dr. Kings sechs fundamentale Prinzipien bilden zusammen mit seinen sechs Schritten („Phasen") seine Liste der zu erledigenden Aufgaben für jede gewaltfreie Aktion:

---

[3] KING, Martin Luther, Stride Toward Freedom. The Montgomery Story, San Francisco: Harper and Row, 1958, 83-85. Zitate im Folgenden aus diesem Buch.

Die Prinzipien
der Gewaltfreiheit

ERSTENS: *Gewaltfreiheit ist der Weg der Starken.* Gewaltfreiheit ist nichts für Feige, Schwache, Passive, Apathische oder Ängstliche. „Gewaltfreier Widerstand leistet Widerstand", schrieb Dr. King. „Er ist keine Methode stagnierender Passivität. Zwar ist derjenige, der gewaltfrei Widerstand leistet, in dem Sinn passiv, dass er seinem Gegner gegenüber nicht physisch aggressiv ist, aber sein Geist und seine Gefühle sind immer aktiv, sie streben ständig danach, den Gegner davon zu überzeugen, dass er sich im Irrtum befindet. Die Methode ist physisch passiv, aber geistig sehr aktiv. Sie ist kein passives ‚Dem Bösen nicht widerstehen', sie ist ein aktiver gewaltfreier Widerstand gegen das Böse."

ZWEITENS: *das Ziel der Gewaltfreiheit ist Erlösung und Versöhnung.* „Gewaltfreiheit strebt nicht danach, den Gegner zu besiegen oder zu demütigen, sondern danach, seine Freundschaft und sein Verständnis zu gewinnen", lehrt King. „Derjenige, der gewaltfrei Widerstand leistet, muss seinen Protest oft durch Nichtzusammenarbeit oder Boykotts ausdrücken, aber ihm ist klar, dass dies keine Zwecke an sich sind; sie sind nur Mittel, ein Gefühl der Beschämung im Gegner zu wecken. [...] Die Folge der Gewaltfreiheit ist die Schaffung einer integrierten Gesellschaft (beloved community), während die Folge von Gewalt traurige Bitterkeit ist."

DRITTENS: *Gewaltfreiheit strebt danach, das Böse und nicht Menschen zu besiegen.* Gewaltfreiheit wird „gegen Kräfte des Bösen und nicht gegen Personen gerichtet, die das Böse tun. Derjenige, der gewaltfrei Widerstand leistet, strebt danach, das Böse, nicht jedoch die Personen, die Opfer des Bösen geworden sind, zu besiegen."

„King entpersönlichte nicht nur das Ziel der Gewaltfreiheit, indem er es in der Versöhnung des Gegners und nicht im Sieg über ihn sah, sondern er entpersönlichte auch das Angriffsziel desjenigen, der gewaltfrei Widerstand leistet", schreibt Watley.[4] „Für King ist der Gegner ein Symbol eines größeren Übels. [...] Die Übeltäter sind ebenso Opfer des Bösen wie die Individuen und Gemeinschaften, die von den Übeltätern unterdrückt werden." Mit diesem Denken wiederholt King die Ermahnung von Paulus, dass wir unseren Kampf letzten Endes nicht gegen einzelne Menschen, sondern gegen Systeme – „Mächte und Gewalten" – führen.

VIERTENS: *Zur Gewaltfreiheit gehört die Bereitschaft, Leiden anzunehmen, ohne sich rächen zu wollen, vom Gegner Schläge anzunehmen, ohne zurückzuschlagen.* „Derjenige, der gewaltfrei Widerstand leistet, ist bereit, wenn nötig, zu akzeptieren, dass gegen ihn Gewalt ausgeübt wird, aber niemals bereit, selbst Gewalt anzuwenden", schreibt King. „Unverdientes Leiden ist erlösend. Demjenigen, der gewaltfrei Widerstand leistet, ist klar, dass Leiden enorme Möglichkeiten bietet, etwas zu lehren und zu verwandeln." Das ist ein starkes Stück, aber King besteht darauf, dass eine Macht darin liegt, unverdientes Leiden zu akzeptieren, wie es der gewaltfrei widerstehende Jesus auf Golgatha und Dr. King selbst in seinem Leben und Sterben gezeigt haben.

In „Stride Toward Freedom" heißt es, derjenige, der gewaltfrei Widerstand leistet, solle Gandhis Worte paraphrasieren und sagen: „Unsere Fähigkeit, Leiden zu ertragen, entspricht eurer Fähigkeit, Leiden zu verursachen. Wir begegnen eurer physischen Kraft mit Seelenkraft. Wir hassen euch nicht, aber wir können nicht guten Gewissens euern ungerechten Gesetzen gehorchen. Macht mit uns, was ihr wollt, und wir lieben euch trotzdem. Werft Bomben in unsere Häuser und gefährdet unsere Kinder; schickt eure vermummten Gewalttäter in unsere Gemeinden und schleppt uns in eine Seitenstraße, wo ihr uns schlagt und halbtot liegen lasst, und wir lieben euch immer noch. Aber mit unserer Fähigkeit zum Leiden werden wir euch zermürben. Und indem wir unsere Freiheit gewinnen, werden wir

---

[4] WATLEY, William, Roots of Resistance: The Nonviolent Ethic of Martin Luther King, Jr., Valley Forge: Judson Press, 1985.

so an euer Herz und Gewissen appellieren, dass wir euch im Laufe der Zeit für uns gewinnen werden."[5]

FÜNFTENS: Gewaltfreiheit vermeidet nicht nur äußere physische Gewalt, sondern auch innere seelische Gewalt. Sie übt agápe/Liebe in Aktion. „Derjenige, der gewaltfrei Widerstand leistet, weigert sich nicht nur, auf seinen Gegner zu schießen, sondern er weigert sich auch, ihn zu hassen. Im Mittelpunkt der Gewaltfreiheit steht das Prinzip Liebe." Die Kette des Hasses „können wir nur dadurch zerbrechen, dass wir die Ethik der Liebe in den Mittelpunkt unseres Lebens stellen." Liebe bedeutet „verständnisvolles und erlösendes Wohlwollen allen Menschen gegenüber". Für King sei diese agápe/Liebe die in uns wirkende Macht Gottes, schreibt Watley. Deshalb hält King uns zu der höchstmöglichen, bedingungslosen, universellen, allumfassenden Liebe an. Der Prediger King glaubte, Gott wirke durch uns, wenn wir die Waffe gewaltfreier Liebe einsetzen.

SECHSTENS: Gewaltfreiheit gründet sich auf die Überzeugung, das Universum stehe auf der Seite der Gerechtigkeit. „Wer an Gewaltfreiheit glaubt, hat einen starken Glauben an die Zukunft", schreibt King. „Er weiß, dass er in seinem Kampf um Gerechtigkeit kosmische Gemeinschaft genießt. Es gibt in diesem Universum eine schöpferische Kraft, die die voneinander getrennten Aspekte der Wirklichkeit zu einem harmonischen Ganzen zusammenfügt." Kings Philosophie, Spiritualität, Theologie und Methode wurzeln in Hoffnung.

Diese Hauptprinzipien erklären, warum – wie King gewöhnlich sagte – Gewaltfreiheit „der moralisch ausgezeichnete Weg" ist. Als er wagte, seine Kampagne von Montgomery nach Atlanta, Albany und schließlich nach Birmingham auszudehnen, wies er auf sechs grundlegende Phasen einer gewaltfreien Aktion hin, die alle gewaltfreien Bewegungen für sozialen Wandel würden anwenden können:

---

[5] KING, Stride Toward Freedom, 194.

Die sechs Phasen
einer gewaltfreien Kampagne

Wie auch Richard Deats in seiner Broschüre „Aktive Gewaltfreiheit auf der ganzen Welt"[6] beschreibt, durchlaufen alle gewaltfreien Kampagnen in Richtung des Ziels Gerechtigkeit folgende
grundlegende Phasen, die es zu bedenken gilt:

ERSTENS: *Informationen sammeln.* Wir müssen unsere Hausaufgaben machen und alles, was wir über die Sache, das Problem oder
die Ungerechtigkeit erfahren können, herausbekommen, sodass
wir zu Experten für die Sache werden.

ZWEITENS: *das Wissen verbreiten.* Dann tun wir unser Bestes, alle
über die Sache zu informieren, auch die Gegner, und wir nutzen
alle medialen Formate, um die Bevölkerung zu erreichen.

DRITTENS: *persönliches Engagement.* Wenn wir uns im öffentlichen
Kampf für gewaltfreien sozialen Wandel engagieren, erneuern
wir uns selbst täglich auf dem Weg der Gewaltfreiheit. Da wir
die Erfahrung gemacht haben, dass gewaltfreie Kämpfe Zeit
brauchen, verpflichten wir uns zur Ausdauer und verrichten die
notwendige und schwere innerliche Arbeit, unser persönliches
Zentrum in Liebe und Weisheit zu finden, und wir bereiten uns
auf die Möglichkeit von Zurückweisung, Haft, Gefängnis und
Leiden für die Sache vor.

VIERTENS: *Verhandlungen.* Wir laden unseren Gegner zu einem
Gespräch ein, weisen ihn auf seine Ungerechtigkeit hin und
schlagen einen Ausweg und eine Lösung des Problems mithilfe
von Win-win-Strategien vor.

FÜNFTENS: *direkte Aktion.* Wenn nötig, greifen wir zur gewaltfreien direkten Aktion, um den Gegner dazu zu zwingen, sich
mit dem Thema zu befassen und die Ungerechtigkeit aufzuhe-

---

6 DEATS, Richard, Active Nonviolence in the World, Nyack, New York 2010;
deutsch unter www.versoehnungsbund.at/buch-richard-deats-aktive-gewaltfrei
heit-auf-der-ganzen-welt als Broschüre bestellbar.

ben. Dazu benutzen wir gewaltfreie Mittel wie Boykotts, Märsche, Demonstrationen, Petitionen, Wahlkampagnen und zivilen Ungehorsam.

SECHSTENS: Versöhnung. Am Ende versuchen wir, uns mit unseren Gegnern zu versöhnen, ja uns sogar mit ihnen anzufreunden (wie es Nelson Mandela in Südafrika tat), sodass alle Beteiligten Heilung erfahren können und wir uns der Verwirklichung der Vision einer integrierten Gesellschaft (beloved community) nähern.

Dr. Kings Prinzipien und seine Methode der Gewaltfreiheit stellen einen Pfad zum sozialen Wandel dar, der auch weiterhin zum Ziel führen kann. In seiner Strategie sind die Zwecke bereits in den Mitteln enthalten: die Samen eines friedlichen Ergebnisses liegen in unseren friedlichen Mitteln. Dr. King sagt, dass wir moralisch richtig handeln, wenn wir mit unerschütterlicher Gewaltfreiheit Widerstand gegen Ungerechtigkeit leisten und nach diesen Grundsätzen eine Bewegung aufbauen – wie Jesus und Gandhi in ihrem Leben bewiesen haben – und dass wir die Gesellschaft erretten und eine neue Kultur der Gewaltfreiheit schaffen können.

Dr. King schließt mit den Worten: „Mögen alle, die in der Welt Unterdrückung leiden, die selbstzerstörerische rächende Gewalt verwerfen und die Methode wählen, die auf Erlösung ausgerichtet ist. Wenn wir diese Methode klug und mutig einsetzen, werden wir aus der düsteren und hoffnungslosen Mitternacht der ‚Unmenschlichkeit des Menschen gegen den Menschen' in den hellen Tagesanbruch der Freiheit und Gerechtigkeit hinaustreten."

Kurz bevor Dr. King starb, dachte er über Notwendigkeit und Möglichkeiten nach, seine Bewegung der Gewaltfreiheit zu „internationalisieren". Er lebte nicht lange genug, um diese Vision weiterzuverfolgen, deshalb müssen wir da weitermachen, wo er aufgehört hat.

„Kann eine gewaltfreie Bewegung mit direkten Aktionen Anwendung auf internationaler Ebene finden, um wirtschaftliche und politische Probleme anzugehen?", fragte King. „Ich glaube, sie kann es. Mir ist klar, dass die nächste Stufe der Bewegung die ist, international zu werden. [...] Offensichtlich müssen gewaltfreie Bewegungen für sozialen Wandel international werden, und zwar deswegen, weil die Probleme, denen wir alle gegenüberstehen, eng miteinander verbunden sind und weil diese Probleme sonst zum Krieg führen würden; allerdings haben wir kaum erst damit begonnen, die notwendigen Fertigkeiten und Strategien oder auch nur das notwendige Engagement aufzubauen, um unsere Bewegung für soziale Gerechtigkeit auf den ganzen Planeten auszudehnen. [...] Wir leben täglich am Rand gemeinsamer nuklearer Vernichtung. In dieser Welt ist Gewaltfreiheit nicht mehr lediglich ein Gegenstand für eine intellektuelle Analyse, sondern sie ist das Gebot zum Handeln." [7]

Ein Gebot zum Handeln! Das ist das Schlusswort Dr. Kings. Das gewaltfreie Leben fordert Aktionen in der Öffentlichkeit, sie sind ein moralisches und spirituelles Gebot.

13. DIE BIRMINGHAMER VERPFLICHTUNG ZUR GEWALTFREIHEIT

Mit der Bürgerrechtskampagne 1963 in Birmingham, Alabama, die zum Marsch auf Washington und 1964 zum historischen Bürgerrechtsgesetz führte, zeigt Dr. King, wie er diese Prinzipien in die Praxis umsetzte und wie auch wir das tun können. Im Kampf von 1963 – einem Kampf wie dem zwischen David und Goliath – standen Martin Luther King, Schulkinder und die Besten der Bürgerrechtsbewegung gegen den grausamen Polizeichef Eugene „Bull" Connor, gegen den Klu Klux Klan und weiße Rassisten. Dieser Kampf zeigte der Welt die Macht organisierter Gewaltfreiheit.

---

[7] WASHINGTON, James M., Ed., A Testament of Hope: The Essential Writings of Martin Luther King, Jr. San Francisco: Harper und Row, 1986, 658. / deutsch: Testament der Hoffnung. Letzte Reden, Aufsätze und Predigten [Martin Luther Kings]. Mohn, Gütersloh 1989.

Schüler von Grund- und weiterführenden Schulen marschierten zu Tausenden von der Baptistenkirche in der 16. Straße zum Kelly-Ingram-Park und standen Feuerwehrleuten, Schäferhunden und geladenen Gewehren gegenüber. Dr. King wurde am Karfreitag verhaftet und er verfasste hinter Gittern eines der bedeutsamsten Dokumente unserer Geschichte: den Brief aus dem Gefängnis in Birmingham.[8] Die öffentlichen Proteste und die überfüllten Gefängnisse danach, dazu der Wirtschaftsboykott weißer Geschäfte in den Großstädten, die internationale Berichterstattung im Fernsehen und die allgemeine nationale Empörung wurden schließlich dem weißen Establishment zu viel und es musste die Rassentrennung aufheben.

Zum Höhepunkt kam es am 5. Mai 1963, dem dritten Tag der Kinderkampagne am Tag X, als Tausende von Kindern durch die Straßen direkt auf die Feuerwehrleute zumarschierten. An den Tagen zuvor hatten viele brutale Behandlung erfahren: Die Feuerwehrschläuche waren auf sie gerichtet worden. Aber die jungen Leute lernten von Dr. King. „Gewaltfrei leidende Liebe ist immer erlösend", sagte er in jeder Ansprache. „Wir werden eurer Fähigkeit, Leiden zuzufügen, mit unserer Fähigkeit, Leiden zu akzeptieren, begegnen und wir werden euch zermürben, bis Gerechtigkeit geschieht."

Also kamen sie zurück und verlangten mehr. Bull Conner fuhr aus der Haut. „Dreht die Wasserschläuche auf!", schrie er den Feuerwehrleuten zu. Die Marschierenden knieten und beteten. „Wir kehren nicht um", sagten sie. Sie standen auf und gingen auf die Feuerwehrleute zu.

King sagte später: „Das war eines der fantastischsten Geschehnisse in der Birmingham-Geschichte. Damals sah und fühlte ich zum ersten Mal den Stolz und die Macht der Gewaltfreiheit."

Bull Conner brüllte und kreischte, aber die Jugendlichen mit ihrem Singen überwältigten die weißen Feuerwehrleute und Polizisten. Die Feuerwehrleute brachten es nicht über sich, die Kin-

---

[8] KING, Martin Luther, Der gewaltlose Weg zum Recht: Brief aus dem Gefängnis in Birmingham; www.lebenshaus-alb.de/magazin/002863.html.

der noch einmal zu verletzen. Also legten sie die Wasserschläuche auf den Boden. Einige weinten. Die singenden Jugendlichen gingen mitten zwischen ihnen hindurch.

Dr. King und die Widerstandleistenden in Birmingham machten es genauso, wie Jesus es in der Bergpredigt gelehrt hat. Sie bewiesen, dass Jesu Methode funktioniert. Sie gaben ein Beispiel dafür, wie Christen sich verhalten sollten.

Wie kam es, dass diese Jugendlichen die Höhen der wagemutigen Gewaltfreiheit erreichen konnten? Dafür gibt es viele Gründe, aber zuerst einmal müssen wir bedenken, dass nur wenige Menschen in dieser Kultur der Gewalt wissen, wie sie gewaltfrei sein könnten. Wir alle wurden einer Gehirnwäsche in Gewalt unterzogen. Wir haben gut gelernt, gewalttätig zu sein. Jetzt müssen wir diese Lektionen verlernen und lernen, wie wir gewaltfrei sein können. Wir müssen in Gewaltfreiheit trainiert werden. Die Birmingham-Bewegung hat viele Monate schwer daran gearbeitet, alle Teilnehmer in Methode und Praxis der Gewaltfreiheit zu trainieren, auch die Jugendlichen. Alle, die an Demonstrationen teilnehmen wollten, mussten ein Training in Gewaltfreiheit absolvieren. Und sie haben ihre Lektion gut gelernt.

Von ihnen wurde auch verlangt, dass sie eine Verpflichtung zur Gewaltfreiheit unterzeichnen. Diese Verpflichtung hatte mein Freund Reverend James Lawson verfasst. Das Training und die unterzeichnete Verpflichtung im Zusammenhang mit der starken lokalen und nationalen Bewegung, die glänzende Organisation, die Bereitschaft, Gefängnis und Tod zu riskieren, und die charismatische Führung Dr. Kings, alles das zusammen, kanalisierte die Energie der Jugendlichen und machte sie zu einer ansteckenden Kraft der Gewaltfreiheit, die schließlich selbst die verhärteten weißen Rassisten und unsere schlimmste Apartheid zermürbten.

Gemeinsam mit George Wallace wurde Bull Connor zum Symbol des Schlimmsten, was das weiße Establishment der Südstaaten zu bieten hatte. Er setzte Gewalt ein, um Rassismus, Rassentrennung, Töten, das Legen von Bomben, strukturelle Ungerechtigkeit, Gier der Konzerne und Unterdrückung der Armen zu verteidigen. King und seine Mitarbeiter gingen eben darum nach Birmingham, um Connors extremen Zorn zu provozieren und um die Tiefe der rassistischen Gewalt öffentlich zu machen. Mit der Liebe, die das Leiden gewaltfrei erträgt, wollten sie eine nationale Umwandlung anstoßen.

Meiner Ansicht nach sind nun fünfzig Jahre später Bull Connor und das weiße Establishment von Birmingham zu einem Symbol unserer gegenwärtigen Regierung und der Führer von Militär und Konzernen geworden: Sie alle verteidigen die ungerechten Strukturen im Land, die Gier der Konzerne, Banken, Waffenfabrikanten, Ölgesellschaften und das eine Prozent der Reichsten in der Bevölkerung. Derweil töten Drohnen und Bomben Kinder in aller Welt und unsere Atomwaffen und eine zerstörerische Umweltpolitik bedrohen uns alle. Der Bull-Connor-Geist der Gewalt treibt unsere Nation und die Welt an.

In gleicher Weise symbolisieren die Tausenden junger Aktivisten vor fünfzig Jahren, die sich der Gewaltfreiheit verschrieben hatten und die angesichts der Feuerwehrschläuche vorwärts gingen, den Weg nach vorn für alle, die die Sorge um die Welt und ihr Verlangen nach Gerechtigkeit und Abrüstung umtreibt.

Wenn dieser Vergleich stimmt, ist das Birmingham von 1963 zu unserer Nation, wenn nicht sogar zu unserer Welt geworden. Wir sind entweder auf der einen oder auf der anderen Seite. Entweder stehen wir auf Seiten unserer Bull-Connor-Regierung und ihrer todbringenden Art oder auf Seiten der Basisbewegung der Gewaltfreiheit, die in aller Welt immer weiter zunimmt.

Ich denke, wir sollten uns dafür entscheiden, im Geiste dieser gewaltfreien Jugend gegen unsere Bull-Connor-Regierung und ihre militaristische, gewalttätige und ungerechte Handlungsweise Widerstand zu leisten und unseren Teil zur globalen Basisbewegung der Gewaltfreiheit beizutragen.

Eine Möglichkeit, das zu tun, ist, uns der Birmingham-Verpflichtung zur Gewaltfreiheit anzuschließen und zu versuchen – wozu Dr. King die jungen Marschierer mahnte –, aktive Gewaltfreiheit zu unserer Lebensweise zu machen. Dann sind wir gewaltfrei und leisten gleichzeitig Widerstand gegen die Gewalt des Staates in allen ihren Formen und bemühen uns, eine Vision der Umgestaltung zu verwirklichen – etwas, das im Augenblick noch unmöglich zu sein scheint.

Dies ist der Text der Verpflichtung:

Hiermit verpflichte ich mich
– meine Person und meinen Körper –
der gewaltfreien Bewegung.
Deshalb will ich die folgenden 10 Gebote halten:

– Täglich über Lehren und Leben Jesu
meditieren.
– Immer daran denken,
dass die gewaltfreie Bewegung
nach Gerechtigkeit und Versöhnung
und nicht nach Sieg strebt.
– Wo ich gehe und stehe, bleibe ich in der Liebe,
denn Gott ist die Liebe.
– Täglich beten, dass Gott mich gebraucht,
um zu bewirken,
dass alle Männer und Frauen frei seien.
– Persönliche Wünsche opfern,
damit alle Männer und Frauen frei seien.
– Sowohl Freunden als auch Feinden gegenüber die
üblichen Regeln der Höflichkeit beachten.
– Sich darum bemühen, anderen Menschen und
der Welt regelmäßig Dienste zu erweisen.
– Sich der Gewaltanwendungen mit der Faust,
der Zunge und dem Herzen enthalten.
– Danach streben, in spiritueller und
körperlicher Hinsicht gesund zu sein.
– Den Anweisungen der Bewegung Folge leisten.

Diese schöne Verpflichtung zur Gewaltfreiheit kann für uns zum Wegweiser werden, wenn wir Krieg, Armut, Todesstrafe, Rassismus, Sexismus, Gier der Konzerne, den katastrophalen Klimawandel und die Atomwaffen abschaffen wollen.

„Meditiert, erinnert euch, geht, betet, opfert, beachtet, bemüht euch, enthaltet euch, strebt, leistet Folge." Wenn wir in diesem Geiste leben, können wir am Aufbau einer globalen Bewegung mitwirken, die gegen unsere Bull-Connor-Regierung Widerstand leistet und die unsere Birmingham-Welt verwandeln kann.

Die Kampagne in Birmingham 1963 lehrt uns erkennen, was geschieht, wenn sich alle beteiligen und sich der gewaltfreien Bewegung anschließen. Ich hoffe, dass immer mehr Menschen – vielleicht mithilfe dieser Verpflichtung zur Gewaltfreiheit – neue Kraft und Energie finden können, um öffentlich hervorzutreten und sich dauerhaft in Bewegungen für Gerechtigkeit und Frieden zu engagieren.

Dr. King lehrt uns und Birmingham beweist es: Mit aktiver Gewaltfreiheit – und dem Gott des Friedens – ist alles möglich.

14. Tretet der globalen Bewegung für Gerechtigkeit, Frieden und Schöpfung bei – und bleibt dabei!

„Was tust du heute, um gegen Ungerechtigkeit und das Böse in der Welt zu kämpfen?" Diese Frage solle er sich jeden Morgen beim Aufwachen stellen, sagte die Mutter des legendären Sängers und Aktivisten Harry Belafonte zu ihrem Sohn: „Was tue ich heute für Frieden und Gerechtigkeit für die Menschheit?"

In seiner schönen Autobiographie „My Song"[9] erzählt Belafonte, dass er sich von Kindheit an sein Leben lang jeden Morgen diese Frage gestellt habe. Sie wurde zu seinem Mantra. Er bemühte sich, jeden Tag damit zu beginnen, dass er eine praktische

---

[9] BELAFONTE, Harry/ SHNAYERSON, Michael, My Song: A Memoir, New York: Alfred A. Knopf 2011 (auf deutsch von Kristian Lutze: My Song. Die Autobiographie, Köln: Kiepenheuer & Witsch 2012).

Aktion festlegte, die er an diesem Tag unternehmen wollte, um dazu beizutragen, dass Armut, Krieg, Rassismus und systemisches Übel beendet würden.

Damit gab Belafonte seinem Leben einen Schwerpunkt, einen Sinn und eine Bedeutung. Er stellte sich an jedem Tag seines Lebens diese Frage und fühlte sich dadurch immer in den Kampf eingebunden; das hat für uns alle sehr viel bewirkt.

Wir alle könnten unseren Tag damit beginnen, dass wir uns diese Frage stellen, schreibt Harry Belafonte. „Was kann ich heute tun, um Gerechtigkeit, Abrüstung, Gewaltfreiheit und Frieden zu fördern? Welche konkrete Aktion kann ich ergreifen, um dazu beizutragen, dass Gewalt, Krieg, Armut, Rassismus und das Böse enden? Wie kann ich kreative Gewaltfreiheit üben, ungerechtes Leiden erleichtern und zur Abrüstung in der Welt beizutragen? Wie kann ich Gottes Reich der Gerechtigkeit und des Friedens heute dienen? Wie kann ich dazu beitragen, dass mehr Menschen gewaltfrei werden? Wie kann ich dazu beitragen, die globale Basisbewegung der Gewaltfreiheit aufzubauen?" Das sind gute Fragen, die wir jeden Morgen in unserer stillen Meditation vor Gott bringen können.

Mahatma Gandhi und Martin Luther King betonten beide, dass Gewaltfreiheit starkes Engagement verlange und dazu gute Organisation der Bewegung. Sie lehrten uns, dass Gewaltfreiheit leben und ein Leben in Gewaltfreiheit befürworten angesichts unserer globalen Abhängigkeit von Gewalt das höchste menschliche Ideal sei. Wenn wir überleben wollen, müssen alle unsere Institutionen, Strukturen und Nationen gewaltfrei werden und wir alle müssen dazu beitragen, den globalen Wandel herbeizuführen.

Wir alle müssen uns in den globalen Basisbewegungen der Gewaltfreiheit engagieren und tun, was wir können, um Gerechtigkeit, Abrüstung und Frieden für die Menschenfamilie und die gesamte Schöpfung zu fördern, wenn wir vorankommen und eine gewaltfreiere Welt schaffen wollen. Wir alle müssen mitwirken, haben eine Aufgabe zu erfüllen und eine Rolle zu übernehmen.

Ich bin überzeugt, wir müssen versuchen, gewaltfrei mit uns selbst und mit allen Menschen, die wir schon kennen und die wir kennenlernen, umzugehen – aber das kann nicht alles sein. Wir müssen weitergehen. Wenn unsere Gewaltfreiheit Gottes Friedensreich dienen soll, müssen wir uns der wachsenden globalen Basisbewegung der Gewaltfreiheit für Gerechtigkeit und Frieden anschließen und öffentlich einige positive gewaltfreie Aktionen für die Menschheit und die ganze Schöpfung unternehmen. Um unsere wahren Möglichkeiten als Söhne und Töchter des Gottes des Friedens auszuschöpfen, müssen wir Gott dabei helfen, wenn er daran arbeitet, die Menschheit zu entwaffnen und die Welt umzugestalten. Es geht nicht an, dass wir zwar in unserem persönlichen Leben friedlich zu sein versuchen, aber nichts gegen die totale Gewalt und die ständigen Kriege in der Welt tun. Und wir dürfen auch nicht aufmerksame Gewaltfreiheit nur gegen jene üben, die um uns herum sind, und dabei die Not der leidenden Massen unbeachtet lassen. Wir müssen hier Verbindungen aufbauen: auf jeder Ebene Gewaltfreiheit üben und unseren Teil dazu beitragen, die Welt abzurüsten. Wenn wir uns der globalen Basisbewegung der Gewaltfreiheit anschließen, üben wir die ganzheitliche „Gewaltfreiheit der Starken", die Jesus, Gandhi, King, Dorothy Day und viele andere lehren.

Kurz bevor der Gewerkschaftler und Anwalt der Gewaltfreiheit Cesar Chavez starb, fragte ich ihn, was ich den Leuten sagen könnte, wenn sie mich um Rat fragen, wie sie Gewaltfreiheit üben sollten. Ohne lange zu überlegen, sagte er: „Sage allen, sie sollen sich an öffentlichen Aktionen für Frieden und Gerechtigkeit beteiligen." Er wiederholte die Worte immer wieder: „Öffentliche Aktion, öffentliche Aktion, öffentliche Aktion! Das ist die Lösung!" Alle müssen sich an öffentlichen Aktionen für Frieden und Gerechtigkeit beteiligen!

Ich habe nie einen besseren Rat als diesen gehört.

Der Erzbischof von El Salvador Oscar Romero sagte, kurz bevor er ermordet wurde: „Niemand kann alles tun, aber jeder kann etwas tun!" Auch das ist praktisch und hilft weiter.

Wir alle müssen uns in diesem historischen Augenblick der globalen gewaltfreien Basisbewegung anschließen und sie weiter in Richtung Abrüstung und Verwandlung der Welt voranbringen. Jede/r von uns hat ein Talent, eine Gabe anzubieten. Jede/r von uns kann einen einzigartigen Beitrag zur globalen Bewegung leisten. Die gute Nachricht ist: Wir müssen nicht alles tun. Wir müssen nur etwas tun. Aber es ist unglaublich wichtig, dass wir alle tun, was wir können.

„Die Menschen setzen Gewaltfreiheit mit Untätigkeit, also mit Nichtstun gleich", schrieb Cesar Chavez, „und das ist ganz falsch. Gewaltfreiheit ist genau das Gegenteil [...] Sie ist Aktion. Und wie alles andere auch muss sie organisiert werden."

Ich empfehle: Pickt euch eine Sache raus, die euch naheliegt, und beteiligt euch mit eurem ganzen Herzen und eurer ganzen Energie an diesem Kampf. Wenn wir das tun, schließen wir uns der globalen gewaltfreien Bewegung für Gerechtigkeit, Abrüstung und Frieden an, denn schließlich sind alle diese Kämpfe der Welt miteinander verbunden. Alle zusammen bilden sie einen einzigen Kampf für Gewaltfreiheit.

Es gibt unzählige Möglichkeiten, für Gerechtigkeit, Abrüstung und Frieden zu arbeiten. Wir [US-Amerikaner] können uns lokalen Projekten gegen das Kriegführen der USA, Atomwaffen, katastrophalen Klimawandel, extreme Armut, Todesstrafe, Gewalt durch Handfeuerwaffen, Drohnen-Krieg, Obdachlosigkeit, Hunger, Rassismus, Gewalt gegen Frauen und andere Formen der Gewalt in den USA anschließen. Wir können uns mit den Armen der Welt und mit der Schöpfung solidarisch erklären und uns auf die Seite der Kinder der Welt, der Opfer unserer Kriege, derer, gegen die sich unser Militarismus richtet, der Geschöpfe und der gesamten Schöpfung stellen. Wenn wir über die nationalen Grenzen hinausgehen, dehnen wir unsere globale Reichweite der liebenden Gewaltfreiheit aus und untergraben die imperiale Kultur von Krieg, Töten und Zerstörung.

Wir brauchen alle. Wenn alle mit anpacken und tun, was sie können, wächst die Basisbewegung, wirkt ansteckend und zermürbt sogar die am festesten eingewurzelten Strukturen der

Gewalt und des Imperiums. So geschieht Veränderung. Auf diese Weise wirkt der Gott des Friedens unter uns. Das ist der Wille Gottes. Der Gott des Friedens macht durch unsere öffentliche Aktion, unsere Kampagnen und unsere Bewegungen den Sieg der Gewaltfreiheit unumgänglich.

Mein Freund Howard Zinn (der Historiker und Verfasser von „Eine Geschichte des amerikanischen Volkes"[10]) erzählte mir nicht lange vor seinem Tod sichtlich bewegt: Nachdem er sein Leben lang all die Bewegungen des sozialen Wandels in unserer Geschichte erforscht habe (Abolitionisten, Suffragetten, Arbeiterbewegung, Bürgerrechtsbewegung, Anti-Vietnamkrieg-Bewegung), sei ihm klargeworden, dass alle eine Eigenschaft gemeinsam hätten: Jeder Einzelne in diesen Bewegungen war hoffnungslos. Die Aktivisten hatten nicht die Hoffnung, dass sie den Wandel, für den sie arbeiteten, noch erleben würden. Aber dann wurde Zinn auch klar, dass sie noch etwas anderes gemeinsam hatten: Sie alle weigerten sich aufzugeben! Obwohl sie wussten, sie würden den Wandel, den sie herbeisehnten, nicht mehr erleben, arbeiteten sie weiterhin öffentlich für Gerechtigkeit und Frieden. Sie hörten niemals damit auf. Sie wussten, dass sie das Richtige taten, dass das die beste Arbeit war, für die sie ihr Leben einsetzen könnten. Deshalb erledigten diese Aktivisten an der Basis jeden Tag eine, zwei oder drei Aufgaben für die Bewegung. Sie taten, was sie konnten, und sie blieben dabei. Howard Zinn zog den Schluss: Die ausdauernde Entschlossenheit dieser Millionen gewöhnlicher Basisaktivisten bewirkte etwas in unserer Geschichte.

Von einer derartig entschlossen aufgebauten Bewegung werden alle Hindernisse, alle unnachgiebigen Systeme und alle ungerechten sozialen Gewohnheiten aufgerieben. Wenn wir die pessimistische, aber offenbar vernünftige Meinung, wir könnten nichts tun, überwinden und im festen Glauben weitermachen

---

[10] ZINN, Howard, A People's History of the United States, New York: Harper Collins (zuerst 1980) (deutsch: Eine Geschichte des amerikanischen Volkes. Gesamtausgabe. Aus dem Englischen von Sonja Bonin, Berlin: Schwarzerfreitag 2007).

und tun, was wir können, um die Bewegung zu fördern, wird der Wandel kommen. Das ist unumgänglich.

Was mir Howard Zinn damals sagte, ist die großartige Lektion unserer Geschichte: Bleibt dabei, auch wenn keine Hoffnung am Horizont zu sehen ist, auch wenn wir den unmöglich erscheinenden Wandel, den wir anstreben, vielleicht nicht mehr erleben werden. Gebt nicht auf! Macht weiter: organisiert, sagt eure Meinung frei heraus und bezieht Stellung. Wir alle zusammen können etwas bewirken.

Wenn wir am Kampf festhalten, erkennen wir eine neue Bedeutung und einen neuen Sinn in unserem Leben. Wir sehen, wie wir als gewöhnliche Mitglieder von Basisbewegungen tatsächlich etwas in der Welt bewirken können: Wir können ungerechtes menschliches Leiden erleichtern helfen und eine neue Offenheit für Gerechtigkeit und Frieden schaffen.

Und darüber hinaus beteiligen wir uns aktiv am fortschreitenden heiligen Werk des Gottes des Friedens, das darin besteht, der Erde Frieden zu bringen. Wenn wir uns Jesu Kampagne der Gewaltfreiheit anschließen und nach seiner Bergpredigt leben, werden wir zu reifen Jüngern Christi. Wir führen seinen Auftrag, die Welt zu entwaffnen und zu heilen, weiter und verkünden das Kommen des Friedens Gottes. Dafür erhalten wir den Segen der Seligpreisungen.

Gewaltfreiheit funktioniert historisch immer. Es ist die Macht Gottes, die durch uns für das Reich Gottes handelt. Alles, was wir tun müssen, ist, uns bei diesem „Programm" engagieren und mit anpacken. Gott wird für das Übrige sorgen.

15. Die Arbeit des gewaltfreien Aktivisten:
Bewegungen aufbauen, Protest organisieren,
die Wahrheit sagen und die Gefahren auf sich nehmen

2005 rief die fünfzehnjährige Brasilianerin Mayara Vivian die Einwohner von Sao Paulo auf, gegen ungerechte Armut zu protestieren. Hundert Leute begannen einen Marsch, und sie war begeistert. Sie merkte, dass sie etwas bewirkte, und setzte ihre Arbeit fort. Als sie erst einmal zu organisieren begann, ihre Meinung zu sagen, und als sie Menschen zu Protesten zusammengebracht hatte, hörte sie nicht wieder auf.

Als sie im Juni 2013 die Menschen dazu aufrief, auf die Straße zu gehen, um gegen den geplanten Anstieg der Busfahrpreise in Brasilien zu protestieren, hoffte sie, es würden einige hundert Demonstranten kommen. Es waren schließlich fünfzigtausend! Eine solche Reaktion hatte sie sich nicht vorstellen können. Innerhalb von Tagen marschierten 1,2 Millionen Menschen in ganz Brasilien und forderten ein Ende der Armut, der ungerechten Preise und der Korruption der Regierung. „Wir hätten nie gedacht, dass hunderttausend Leute auftauchen würden", sagte sie zu Reportern der New York Times. „Es ist wie der Sturm auf die Bastille."[11]

Innerhalb von Tagen führte Vivians Arbeit zu Protesten in mehr als 100 Städten und brachte auch die Regierung in Gefahr. „Die Brasilianer haben genug von den herkömmlichen politischen Strukturen, sie stellen die Regierungspartei infrage und ebenso die Opposition. Darin ähneln die Demonstrationen sehr den Aktionen der Occupy-Bewegung in den Vereinigten Staaten, den Protesten gegen Korruption, die in den letzten Jahren Indien erschütterten, den Demonstrationen über den Lebensstandard in Israel und der Wut in europäischen Ländern wie Griechenland", heißt es weiter in der New York Times.

Wie Mayara Vivian entdecken die gewaltfreien Aktivisten in aller Welt, dass die Menschen schließlich reagieren, wenn sie sie

---

[11] https://www.nytimes.com/2013/06/21/world/americas/brazil-protests.html.

dazu aufrufen, gegen strukturelle Ungerechtigkeit zu protestieren, wenn sie Demonstrationen organisieren und vor allem, wenn sie am Ball bleiben. Auf natürliche Weise tauchen Bewegungen auf. Der Wandel beginnt, sich zu entfalten.

Heute organisieren sich Menschen in aller Welt wie nie zuvor, bauen Bewegungen auf, sprechen die Wahrheit aus, nehmen enorme persönliche Risiken auf sich und arbeiten daran, strukturelle Ungerechtigkeit ins Wanken zu bringen und dem Krieg ein Ende zu bereiten. Julian Assange, Bradley Manning und Edward Snowden setzen ihr Leben für die Wahrheit ein – wie Daniel Ellsberg in den 1970er Jahren – und stellen das imperiale Gesetzbrechen der US-Regierung bloß. Ihre Aktionen regten die Organisation vieler anderer Aktionen und den Aufbau von Bewegungen an.

Auch andere haben große Risiken für Gerechtigkeit und Frieden auf sich genommen. Vor ein paar Jahren unterbrach ein junger Mann namens Tim DeChristopher eine illegale Auktion der Bush-Regierung, bei der eine Parklandschaft an Erdölgesellschaften versteigert werden sollte. Damit rettete er Zehntausende Morgen unberührter Wüste vor Ölbohrungen. Schwester Megan Rice, Greg Bortje-Obed und Michael Walli sehen Jahrzehnte langen Haftstrafen entgegen, weil sie friedlich gegen US-Atomwaffen protestiert hatten und in die Fabrikanlage Oak Ridge Nuclear Production vor den Toren von Knoxville, Tennessee, eingedrungen waren. Medea Benjamin, Mitbegründerin von Code Pink, unterbrach Präsident Obamas Rede über nationale Verteidigung, indem sie laut Fragen nach den Guantanamo-Häftlingen und nach den Bomben der US-Drohnen stellte. Sie unternahm noch viele andere gewaltfreie Aktionen. Kathy Kelly führte mit ihrer Gruppe Voices for Creative Nonviolence Dutzende von Delegationen in den Irak und nach Afghanistan und unterstützt eine Gruppe engagierter junger Leute in Kabul, die sich zu Gewaltfreiheit verpflichtet haben.

Seit dem 11.9.2001 wurden in den Vereinigten Staaten Tausende Gewaltfreie verhaftet, die gegen die Kriege der USA im Irak, in Afghanistan, Libyen, Pakistan und Jemen, gegen das US-

Drohnenprogramm, die geplante Pipeline Keystone XL, das Gefangenenlager der USA in Guantanamo, die ungerechte Einwanderungspolitik der USA und die Korruption der Regierung protestiert hatten. Die Occupy-Bewegung brachte Hunderttausende auf die Straßen Amerikas. Sie protestierten gegen die Gier der Konzerne und die „Bewirtung" des einen Prozents der Bevölkerung, das die Elite ausmacht, auf Kosten der neunundneunzig Prozent der übrigen Bevölkerung.

Die Mainstream-Medien haben über den größten Teil dieses gewaltfreien Widerstandes nicht berichtet oder sie haben ihn bagatellisiert, aber die Veränderungen gehen, wie bei jeder Bewegung, von unten nach oben vor sich. Die Mächtigen geben ihre Kontrolle über Bevölkerungen, Nationen oder die Welt niemals freiwillig auf. Sie müssen konfrontiert und herausgefordert werden und Widerstand muss gegen sie geleistet werden, bis die Bewegung die Straßen überflutet, bis sie die Bevölkerung alarmiert, belehrt, für sich gewinnt und mobilisiert; bis sie zu einer Realität wird, die die Medien nicht mehr ignorieren können, bis sie die Mainstream-Kultur zu verändern beginnt und bis sie den Wandel herbeiführt, der einmal ganz unmöglich zu sein schien und der sich dann schließlich doch als unumgänglich erweist.

Robert F. Kennedy sagte 1966 in einer Rede in Südafrika: „Die Geschichte der Menschheit wird durch unzählige einzelne Akte des Mutes und des Glaubens gestaltet. Jedes Mal, wenn Menschen für ein Ideal eintreten oder handeln, um das Los anderer zu verbessern, oder wenn sie gegen Ungerechtigkeit kämpfen, schicken sie damit eine winzige Welle der Hoffnung aus. Diese kleinen Wellen kommen aus Millionen verschiedener Zentren der Energie und des Wagemutes und kreuzen einander und dann werden sie zu einem Strom, der die mächtigsten Mauern von Unterdrückung und Widerstand wegschwemmen kann."

Als ich jung war, hat mir das niemand erzählt. Erst als ich Gandhi, Dr. King, Dorothy Day, Daniel und Philip Berrigan, Cesar Chavez, Desmond Tutu und andere Anführer der Sache des Friedens und der Gerechtigkeit studierte, wurde mir klar, dass auch ich mich an der globalen Bewegung für Gerechtigkeit

und Frieden beteiligen müsse. Damals fand ich keine Friedens-
und Gerechtigkeitsgruppe an meinem Wohnort und deshalb
gründete ich eine. Innerhalb kurzer Zeit organisierte ich Demonstrationen, Proteste, Pressekonferenzen, Friedensgebete, öffentliche Zeugnisse, Aktionen von zivilem Ungehorsam und nationale Mobilmachungen. Später fragten mich Menschen, wie
man eine Bewegung aufbaut und Proteste organisiert. Meist läuft
es auf schwere Arbeit, gesunden Menschenverstand, systemati-
sches Engagement, Geldbeschaffung und Zusammenarbeit mit
so vielen guten Leuten wie möglich hinaus.

Martin Luther Kings Tochter Yolanda hat einmal gesagt:
Wenn die Menschen wirklich verstehen würden, worum es in
der Bürgerrechtsbewegung gegangen ist, würden sie fragen:
„Was kann ich tun, um heute etwas zum Kampf um Gerechtigkeit und Frieden beizutragen?" In der Bürgerrechtsbewegung
packten alle mit an und die Bewegung verbreitete sich stark.
Heute können auch wir fragen: „Wie kann ich etwas beitragen?"
Ich denke, wir müssen alle Aktivisten, Organisatoren, ja sogar
lokale Wortführer werden. Wir alle müssen die wichtige Arbeit
anpacken, Proteste organisieren, Veranstaltungen ankündigen,
uns an unsere Ortsgemeinde wenden, die Öffentlichkeit belehren
und Basisbewegungen aufbauen. Wenn wir das tun, werden wir
neue Kraft empfangen und wir werden anderen Kraft geben
können, für den Wandel zu arbeiten.

Gandhi schrieb: „Man kann nie wissen, was bei dem, was
man tut, schließlich herauskommt, aber wenn man nichts tut,
kann jedenfalls gar nichts herauskommen."

Das ist die Lebensarbeit eines gewaltfreien Aktivisten. Sie
verlangt Einsatz, Geduld, Glauben, Ausdauer und Hoffnung.
Angesichts von Krieg, Armut, Atomwaffen und katastrophalem
Klimawandel ist es eine notwendige Arbeit. Noch mehr Menschen müssen sich der Herausforderung stellen und tun, was sie
können. Wenn wir so handeln, können wir Mut fassen, denn wir
wissen, dass wir mit Millionen anderer Aktivisten in aller Welt
solidarisch sind. Zusammen bewirken wir etwas.

16. Eine Spiritualität der Gewaltfreiheit für vom Evangelium bewegte Menschen

Gandhi schrieb einmal: „Mein Optimismus beruht auf meinem Glauben an die unbegrenzten Möglichkeiten des Einzelnen, Gewaltfreiheit zu entwickeln. Je mehr jemand sie in seinem eigenen Wesen entwickelt, umso ansteckender wirkt sie in seiner Umgebung, bis sie nach und nach vielleicht die ganze Welt überschwemmt."

Wie Gandhi versuchen wir, die unbegrenzten Möglichkeiten der Gewaltfreiheit in unserem Leben – in unserem eigenen Dasein – so zu entwickeln, dass unsere kreative Gewaltfreiheit ansteckt und jeden um uns herum erreicht, damit wir dann gemeinsam dazu beitragen können, die Welt abzurüsten. Wie Gandhi erforschen wir Gewaltfreiheit in unserem Inneren und in unseren Beziehungen zu allen Menschen, allen übrigen Geschöpfen und der gesamten Schöpfung und durch gut organisierte Bewegungen für sozialen Wandel. Gandhi lädt uns ein, in unserem Inneren in unserem engeren Kreis und öffentlich in der Welt der Gewalt mit der Wahrheit der Gewaltfreiheit zu experimentieren, damit sich Geist und Weisheit der Gewaltfreiheit ausbreiten, entwaffnen und Frieden bringen.

Wenn die aktive Gewaltfreiheit, die wir üben, die ganze Menschheit umfassen soll, werden wir schnell entdecken, dass wir etwas brauchen, das uns unterstützt und das größer als der US-amerikanische Traum ist. Wir brauchen die Unterstützung guter Freunde, eine Friedens- und Gerechtigkeits-Gruppe an unserem Wohnort, die größere gewaltfreie Bewegung, das Vorbild der Heiligen und Friedensstifter, unsere beste spirituelle Weisheit, die Schönheit der Schöpfung – und den Gott des Friedens. In anderen Worten: Wir brauchen eine Spiritualität der aktiven Gewaltfreiheit, die uns im lebenslangen Kampf für Abrüstung, Gerechtigkeit und Frieden, der vor uns liegt, aufrechterhält.

Wenn wir über die drei Dimensionen der Gewaltfreiheit nachdenken – gegenüber uns selbst, gegenüber allen Menschen und gegenüber der gesamten Schöpfung und unsere Teilnahme an der globalen Basisbewegung –, können wir die spirituelle Seite dieser Lebensreise erkunden.

Im Folgenden nenne ich einige Hauptmerkmale einer Spiritualität der aktiven Gewaltfreiheit:

Vertraut dem Gott des Friedens

Zuerst einmal setzen wir all unser Vertrauen auf den Gott des Friedens. Das heißt, wir setzen unser Vertrauen nicht mehr in Gewehre, Waffen, Krieg, Armeen, Drohnen, Kampfflugzeuge, Trident-Unterseebote, Militarismus oder irgendein anderes Werkzeug der Gewalt. Wir wissen jetzt, dass sie nicht nur die Gewalt nicht beenden, sondern dass sie den Willen des Gottes des Friedens missachten. Wir haben die Nase voll von Gewalt und den Idolen der Gewalt.

Da wir unser Vertrauen von den Waffen des Krieges auf den Gott des Friedens übertragen, lassen wir Furcht, Wut und Gewalt los. Wir vertrauen darauf, dass der Schöpfer, der Gott der Gewaltfreiheit, weiß, was Er tut und dass Er für uns und die ganze Menschheit sorgen wird. In unserer täglichen Meditation nähren wir dieses Vertrauen, wohnen in Gottes Gegenwart, sind Freunde Gottes, lassen zu, dass Gott uns liebt, und legen alles in Gottes Hände. Wir wissen, dass alles Gott gehört, auch jeder Einzelne von uns. Mit der Zeit fühlen wir uns durch unsere tägliche Meditation in Gottes liebendem Schutz geborgen und deshalb sorgen wir uns nicht und bekommen keine Angst. Wir verlieren sogar unsere Angst vor dem Tod. Tatsächlich macht uns dieser zunehmende Glaube friedlich und bereit für alles Mögliche: Krankheit oder Gesundheit, Glück oder Unglück, Freude oder Schmerz, Leben oder Tod. Wir gehen in einem Geist des Friedens vorwärts und sind fest in unserer bewussten Beziehung zum Gott des Friedens verwurzelt.

Wir fassen Mut, denn wir wissen, unser Gott ist gewaltfrei, ein liebender und barmherziger Gott. Wir werden durch unsere Beziehung zu diesem liebenden Gott zu unserem wahren Ich und bemühen uns darum, unsere Identität als Gottes geliebte Söhne und Töchter zu erfüllen. Damit, dass wir uns in Gott und Gottes Frieden zentrieren und an Vertrauen zunehmen, verstärken wir unsere Gewaltfreiheit. Wir zentrieren uns in Gottes Frieden. Jeder einzelne Schritt auf dieser Reise des Glaubens, der Hoffnung und des Vertrauens auf den Gott des Friedens führt uns zum nächsten Schritt. Wir bekommen vielleicht nur für den nächsten Schritt genug Licht und nicht für unsere ganze übrige Lebensreise. Darum wird das Vertrauen auf den Gott des Friedens so wichtig für unser Leben als Friedensstifter.

Öffnet eure Herzen
der weltumspannenden Liebe

Wenn wir auf Gott vertrauen, weiten wir gleichzeitig unser Herz in universeller Liebe zu allen Menschen. Wir erkennen alle als unsere Geschwister. Wir suchen, kultivieren und üben eine weltumfassende gewaltfreie Liebe und haben Mitleid mit allen fühlenden Wesen, ungeachtet der Unterschiede in Rasse, Geschlecht, Alter, sozialer Schicht, Fähigkeiten, Nationalität und Religion. Wir lieben die, die um uns sind, und nehmen, so gut wir können, die Haltung weltumfassender Liebe zu Menschheit und Schöpfung ein. Wir feiern die menschliche Vielfalt und gehen auf Menschen, die wir noch nicht kennen, mit Interesse, Neugier und Anteilnahme zu, denn wir wissen, dass sie unsere Geschwister sind. Aus Gebet und Meditation wissen wir, dass wir einmal in der Ewigkeit mit allen Menschen, die jemals gelebt haben, in Frieden und Ganzheit zusammen sein werden, deshalb bemühen wir uns darum, diese Vision schon jetzt und hier zu verwirklichen, indem wir allen, denen wir begegnen, Freundschaft erweisen.

Wenn wir die, denen wir begegnen, lieben und dafür offen sind, jeden Menschen zu lieben, dann wollen wir auch allen dienen und ihnen helfen, besonders denen, die am bedürftigsten sind. Wenn wir uns um die Bedürftigsten kümmern – die Ar-

men, Hungrigen, Verletzten, Kranken, Gefangenen, an den Rand
Gedrängten und Entrechteten – zeigen wir damit unsere innere
Haltung weltumfassender Liebe. Wir versuchen für die zu sorgen, für die sonst niemand sorgt. Wir tun für andere, was wir
uns wünschen, sie täten es für uns. Dieses Herz weltumfassender
Liebe, die in allen großen Religionen im Mittelpunkt steht, wird
zur neuen Norm: eine spirituelle Lebensweise für uns. Mit der
Zeit wird sie in unserem Nervensystem fest verankert, sodass
unser Geist, unser Körper und unsere Seele uns dazu führen,
dass wir alle lieben.

Bewusste Achtsamkeit

Wenn wir uns um weltumfassende Liebe bemühen, üben wir
auch eine gleichbleibende Achtsamkeit und bleiben zentriert und
bewusst in einem Geist von Frieden und Ruhe. Zwischen dem
hektischen Alltagsleben auf der Überholspur, der globalen Krise,
die nach unserer Aufmerksamkeit schreit, Problemen in unserem
persönlichen Leben – in der Familie, bei der Arbeit und im Leben
in der Kirchengemeinde – verlieren wir oft unsere Mitte. Tatsächlich ist Gewalt die natürliche Folge von „Unachtsamkeit",
davon, dass wir den gegenwärtigen Augenblick nicht wirklich
erfassen und uns seiner nicht bewusst sind, da wir in einem unbewussten Kriegschaos leben.

Gewaltfreiheit fordert uns zu einer zu jedem Augenblick des
Tages wachen Achtsamkeit auf, in der wir uns des gegenwärtigen Augenblicks, ja unseres Atems und unserer Gefühle bewusst
sind. Wir versuchen im gegenwärtigen Augenblick des Friedens
zentriert zu sein und uns unserer negativen oder unangenehmen
Gefühle bewusst zu werden, wie sie kommen und gehen, bewusst auch unserer aufregenden oder glücklichen Gefühle, wie
sie kommen und gehen, bewusst auch all der Gedanken und
Sorgen, die uns durch den Kopf gehen. Das Leben des Friedens
führt uns unvermeidlich in den gegenwärtigen Augenblick des
Friedens und zur Übung, in diesem Augenblick zu bleiben, da-

mit wir nicht auf den einen oder anderen Weg geschleudert werden, sondern zentriert wie ein Berg im Hier und Jetzt des Friedens sind.

Der buddhistische Meister Thich Nhat Hanh hat sein Leben damit zugebracht, als Heilmittel für die Kultur der Gewalt die alte Weisheit der Achtsamkeit zu lehren. Unachtsamkeit ist dem gewaltfreien Leben entgegengesetzt, aber es ist zur Norm geworden. Wir sind wie Geister oder Zombies. Wenn wir „unachtsam" sind, sind wir nicht wahrhaftig wir selbst, sondern wir stecken in der Vergangenheit oder in der Zukunft fest und können nicht zur Gegenwart erwachen. Nhat Hanh empfiehlt achtsames Gehen, achtsames Essen und achtsame Meditation als gewöhnliche und hilfreiche Gewohnheiten, die uns stärken können, damit wir zu unserem Atem und in den gegenwärtigen Augenblick zurückfinden und uns in der Ausgeglichenheit des Friedens erhalten können.

Er schreibt: „Wir brauchen ein kollektives Erwachen. Die meisten Menschen schlafen noch. Achtsamkeit steht im Mittelpunkt des Erwachens, von Erleuchtung. Wir üben das Atmen, um fähig zu werden, im gegenwärtigen Augenblick da zu sein, und damit wir erkennen können, was in uns und um uns herum geschieht. Wir alle haben den großen Wunsch, im Frieden und in der Zukunftsfähigkeit unserer Umwelt zu leben. Aber die meisten von uns wissen noch nicht deutlich, wie sie sich einem nachhaltigen Erleben der Realität in ihrem täglichen Leben widmen können. Es wird für uns alle Zeit aufzuwachen und in unserem Leben aktiv zu werden. Wenn wir zu unserer wahren Situation erwachen, wird sich unser kollektives Bewusstsein verändern."[12]

Achtsamkeit ist ein Hauptbestandteil der Spiritualität der Gewaltfreiheit und des Friedens.

---

[12] Hanh, Thich Nhat, The Bells of Mindfulness In: Llewellyn Vaughan-Lee (Hg.), Spiritual Ecology, Point Reyes California: Golden Sufi Center, 2013, 25-30. 26-28.

Weitsichtige Vision

Spirituell lebendige Gewaltfreiheit wahrt die Vision einer ganz neuen Welt des Friedens.

Gewalt ist die Frucht unserer kollektiven Blindheit. Wir sind die blinden Blindenführer und wir stürzen über die Klippe und vernichten uns selbst – ohne es zu erkennen. Unser Mangel an Visionen und unsere globale Blindheit führen uns in diese katastrophale Situation, in der Atomwaffen, eine noch nie da gewesene Gier der Konzerne und weitverbreitete Gefühllosigkeit angesichts von Hungertod und Umweltzerstörung herrschen.

Gewaltfreiheit ruft uns dazu auf, die Blindheit zu erkennen, die zu unserer globalen Gewalt führt, unsere strukturelle Gewalt zurückzuweisen und die Brille des Friedens aufzusetzen, damit wir den Weg in eine neue Welt des Friedens finden können.

Gewaltfreiheit veranlasst uns, unsere Vorstellungskraft für Frieden wiederzugewinnen, indem wir uns eine neue Welt des Friedens vorstellen. Eines der ersten Opfer des Krieges ist der Verlust der Vorstellungskraft: Die Menschen können sich den Frieden nicht vorstellen. Heutzutage können sich nur wenige eine Welt ohne Krieg, Armut und Atomwaffen vorstellen. Menschen der Gewaltfreiheit aber nutzen ihre Vorstellungskraft und helfen anderen zu erkennen, wie Frieden aussieht.

Eben das tat Jesus. Er war ein großer Visionär des Friedens und der universellen Liebe und er wies die Menschen auf das Reich Gottes hin – Gottes Reich des Friedens, der Liebe und der Gewaltfreiheit –, das, so sagte er, bereits nahe sei. Jesus lehrte: Das Reich Gottes musse unser Ziel sein und nicht das Imperium, Geld, Status oder Sicherheit. Er inspirierte die Menschen, Gottes Friedensreich unter uns und in uns willkommen zu heißen.

Als Menschen einer visionären Gewaltfreiheit weisen auch wir Menschen auf das Reich Gottes hin und sagen: „Die Zeit ist gekommen, eine neue Welt ohne Krieg, Gewalt, Ungerechtigkeit, Hungertod, Töten, Atomwaffen und Umweltzerstörung zu schaffen." Wenn wir Menschen dazu verhelfen, sich die Wirklichkeit und das Kommen einer neuen Welt der Gewaltfreiheit wieder vorzustellen, inspirieren wir sie, sich unserer Kampagne anzuschließen und andere dafür zu gewinnen, die Vision von Frieden wahrzumachen.

Gewaltfreiheit bedarf eines langen Atems: historisch, biblisch und spirituell. Sie sieht, dass der Gott des Friedens uns eine neue Welt des Friedens anbietet. Sie weiß, dass die Menschheit dazu fähig ist, eine spektakuläre Veränderung zum Besseren zu bewirken, indem sie daran erinnert, dass auch Kannibalismus und Sklaverei einmal abgeschafft worden sind. Dementsprechend inspiriert sie uns dazu, Krieg, Armut, Atomwaffen und Umweltzerstörung abzuschaffen. Vor allem aber verhilft visionäre Gewaltfreiheit den Menschen dazu, ihren Weg aus Finsternis und Gewalt und in das neue Licht des Friedens zu erkennen. Indem wir die Rahmenbedingungen der Gewaltfreiheit festsetzen, setzen wir neue Richtlinien zur gewaltfreien Lösung aller Konflikte. Aus der Perspektive der Gewaltfreiheit können wir eine neue Lebensweise und das Heraufkommen einer besseren Welt erkennen.

Kreuz und Auferstehung

Menschen des Evangeliums der Gewaltfreiheit sind im Wesentlichen Menschen, die am Ostergeheimnis teilhaben, dem Tod und der Auferstehung Jesu, verstanden als einem Weg zu sozialem, wirtschaftlichem und politischem Wandel. Als Jünger Jesu gehen wir den Weg des Kreuzes im gewaltfreien Widerstand gegen strukturelle Ungerechtigkeit, Krieg und das Imperium. Wie der gewaltfreie Jesus mischen wir uns ein, erheben die Stimme, nehmen Risiken auf uns, engagieren uns bei gewaltfreien direkten Aktionen und akzeptieren die Folgen unserer öffentlichen Stellungnahme: Schikane, Verfolgung, Entfremdung, Haft, Prozess, Einkerkerung und vielleicht sogar Tod. Wir lernen von Dr. King sogar, freiwillig auf uns genommenes Leiden kreativ als Werkzeug im gewaltfreien Kampf für Gerechtigkeit und Frieden einzusetzen. Anstatt dass wir andere töten, sind wir bereit, auf uns zu nehmen, dass wir im Kampf für Gerechtigkeit und Frieden getötet werden. Anstatt dass wir Gewalt gegen andere verüben, akzeptieren wir Leiden, ohne dass wir auch nur den Wunsch hätten, uns mit weiterer Gewalt zu rächen, da wir ja Gerechtigkeit und Liebe für alle wollen. Wir versuchen, unser Leiden für Gerechtigkeit und Frieden mit Jesu Leiden und Tod und dem Leiden und Tod aller Gekreuzigten der Welt zu verbinden. Indem wir wie Jesus unser Leben in gewaltfreier Liebe für die Menschheit hingeben, wird unser Leiden verwandelt und wir nehmen an Gottes entwaffnender, erlösender Liebe teil. Der Fall des Imperiums ist sicher.

Aber wir sind nicht nur Menschen des Kreuzes. Menschen des Evangeliums der Gewaltfreiheit sind auch Menschen der Auferstehung. Wenn wir den Kreuzweg in gewaltfreiem Widerstand gegen die Kultur von Krieg und Ungerechtigkeit gehen, praktizieren wir Auferstehung, machen uns für die Auferstehung bereit. Wenn wir auf den auferstandenen Christus sehen, fassen wir Mut, erneuern unsere Hoffnung und wissen, dass der Tod nicht das letzte Wort behält.

Mit dem auferstandenen Jesus gibt es einen wirklichen Grund zur Hoffnung. Sein Weg der Gewaltfreiheit hat sich als wahr erwiesen. Gott hat seine endgültige Zustimmung für Jesu Mission gegeben, die Menschheit durch seine kreative und liebende Gewaltfreiheit zu entwaffnen und zu heilen, und deshalb ruft er die Menschheit auf, sich als Menschen des Evangeliums der Gewaltfreiheit dieser Mission anzuschließen. Wenn wir uns bei kreativer Gewaltfreiheit und der Arbeit für Gerechtigkeit, Abrüstung und Frieden engagieren, wissen wir, dass Gott unsere Arbeit segnet, sich auf die Seite dieser Arbeit stellt und sich an den Bemühungen, die Welt gewaltfrei zu verwandeln, beteiligt. Unser gewaltfreies Leben passt in den Rahmen von Jesu gewaltfreiem Leben und seiner Mission und dadurch bekommt es einen neuen eschatologischen Sinn. Wenn wir Gott in dieser Arbeit für den Frieden entdecken, vertiefen wir unsere spirituellen Wurzeln und finden neue Kraft, Gnade und Hoffnung, unser Leben lang für Gerechtigkeit und Abrüstung zu kämpfen.

Als der gewaltfreie Jesus von den Toten auferstand, sagte er immer wieder zu seinen Freunden: „Friede sei mit euch." Er zeigte keine Spur von Gewalt, Rache, Vergeltung, Zorn oder Groll. Stattdessen tröstete er seine Freunde, bereitete ihnen Frühstück und lud sie noch einmal ein, ihm zu folgen. Er war so gewaltfrei wie eh und je und noch gewaltfreier, wenn das möglich gewesen wäre.

Menschen der Auferstehung begrüßen den Frieden als Auferstehungsgeschenk des auferstandenen Christus. Uns wird allmählich die Tiefe seiner göttlichen Gewaltfreiheit deutlich. Deshalb akzeptieren wir seinen Friedensgruß, nehmen ihn in unser Herz auf, setzen unsere Hoffnung in die Gegenwart des Auferstandenen, gehen in seinen Fußstapfen auf dem Weg der Gewaltfreiheit vorwärts, tun, was wir können, und überlassen das Ergebnis Gott.

Als Menschen der Auferstehung wissen wir, dass uns das Überleben schon zugesichert wurde, dass Gott für uns sorgen wird. Wenn wir Jesu Friedensarbeit fortführen und unser Leben in gewaltfreiem Widerstand gegen Ungerechtigkeit und Krieg einsetzen, vertrauen wir darauf, dass auch wir an seiner Auferstehung teilhaben und in seinem Reich des ewigen Friedens und der ewigen Liebe weiterleben werden. Das ist eine gute Nachricht. Sie bedeutet, dass wir viele Gründe für Hoffnung und neue Kraft haben, mit der Arbeit, die getan werden muss, fortzufahren.

In den von Studenten angeführten historischen Demonstrationen 1968 in Frankreich ertönte ein Sprechchor, dessen Worte heute ebenso gut passen wie sie damals passten: „Seid vernünftig. Fordert das Unmögliche!"

Wie damals die französischen Demonstranten sind heute die, die Gewaltfreiheit praktizieren, vernünftige Leute, die das Unmögliche fordern. In unserer Spiritualität der Gewaltfreiheit und des Friedens vertrauen wir auf den Gott des Friedens, öffnen unser Herz der universellen Liebe, üben bewusst Achtsamkeit, haben eine in die Zukunft weisende Vision und wagen bereitwillig Kreuz und Auferstehung als Weg zum gewaltfreien sozialen

Wandel. Unsere Lebensreise der Gewaltfreiheit wurzelt im Gott des Friedens, im gewaltfreien Jesus und im Heiligen Geist des Friedens und der Liebe, damit wir eins werden mit dem Universum, mit Himmel und Erde und allen Heiligen und Märtyrern und Friedensstiftern, die vor uns den Weg des Friedens beschritten haben.

Dieser spirituelle Rahmen, dieser Kontext und diese Praxis geben uns die Kraft, ein gewaltfreies Leben zu führen. Wir haben genug Kraft, um als Menschen des Friedens, der Liebe und der Gewaltfreiheit in die Welt hinauszugehen, denn wir wurzeln in einer ganz neuen Spiritualität, die sich an Jesus ausrichtet.

FRAGEN ALS ANSTOß
FÜR PERSÖNLICHE ÜBERLEGUNGEN
UND FÜR GESPRÄCHE IN KLEINGRUPPEN

- Wann habt ihr die Macht der aktiven Gewaltfreiheit am Werk gesehen – in eurem eigenen Leben und in den öffentlichen Bewegungen für Gerechtigkeit und Frieden? Welche Schlussfolgerungen zieht ihr aus dem neuen Buch *Why Civil Resistance Works* (CHENOWETH, 2012), in dem die Verfasserinnen belegen, gewaltfrei Bewegungen erreichen weit besser ihre Ziele als Bewegungen der Gewalt?
- Was bedeutet das für uns, die wir der heutigen globalen Krise gegenüberstehen?
- Stimmt ihr Dr. Kings Prinzipien der Gewaltfreiheit und den Schritten der gewaltfreien Aktion in einer gewaltfreien Bewegung zu? Inwiefern lebt ihr schon nach diesen Prinzipien und setzt diese Schritte in die Tat um? Was davon ist für euch am schwierigsten?
- Wie könnt ihr immer mehr nach Kings Prinzipien leben und die Schritte in die Tat umsetzen, um dazu beizutragen, die globale Basisbewegung der Gewaltfreiheit aufzubauen?
- Was an den Ereignissen von 1963 und dem Birmingham-Gelübde der Gewaltfreiheit berührt und inspiriert euch und was daran findet ihr schwierig?
- Welche anderen Kampagnen und Bewegungen inspirieren euch dazu, weiterhin die Bewegung aufzubauen, Proteste zu organisieren, die Wahrheit zu sagen
- und für Gerechtigkeit und Frieden Gefahren auf euch zu nehmen?
- An welchen gewaltfreien Bewegungen und gewaltfreien Aktionen habt ihr teilgenommen?
- Wo sehen wir heute die Hoffnung und die Macht der aktiven Gewaltfreiheit am Werk?
- Welche neue öffentliche gewaltfreie Aktion für Gerechtigkeit und Frieden könnt ihr unternehmen?

- Welcher Basisbewegung der Gewaltfreiheit gehört ihr an – oder möchtet ihr euch anschließen?
- Wie können wir zur Erfüllung von Gandhis Traum beitragen, dass „Wahrheit und Gewaltfreiheit nicht Angelegenheiten der Praxis des Einzelnen bleiben,
- sondern zur Praxis von Gruppen und Gemeinschaften und Nationen werden"?
- Welche Bestandteile gehören für euch zur Spiritualität der Gewaltfreiheit und des Friedens?
- Wie vertraut ihr auf Gott, wie öffnet ihr euch der weltumfassenden Liebe,
- wie übt ihr bewusst Achtsamkeit, wie behaltet ihr den langen Atem für die Vision des Friedens
- und wie nehmt ihr an Kreuz und Auferstehung des gewaltfreien Jesus teil?
- Was gibt euch den langen Atem für die Arbeit der Friedensstiftung? Was gibt euch Hoffnung?
- Wo findet ihr den Gott des Friedens in euerm Leben aktiver Gewaltfreiheit?
- Wie könnt ihr die drei Dimensionen der Gewaltfreiheit – Gewaltfreiheit gegen euch, gegenüber allen anderen und Teilnahme an globalen Basisbewegungen der Gewaltfreiheit – besser in euer Leben integrieren?

Martin Luther King Jr. im Jahr 1964,
Foto: Dick DeMarsico, Library of Congress
commons.wikimedia.org

Schluss

Aktive Gewaltfreiheit bietet uns allen einen Weg an, der aus der verrückten Gewalt der Welt herausführt und der nach vorne in das Licht und das Leben von Gottes Frieden führt. Wir sind eingeladen, ein für alle Mal Gewalt zurückzuweisen. Wir brauchen Gewalt nicht mehr in unserem Innern nähren oder Gewalt gegen andere einsetzen oder Tiere und die Erde gewalttätig behandeln. Wir müssen auch nicht angesichts der strukturellen Ungerechtigkeit, der Kriege, der Atomwaffen und der zerstörerischen Politik der Welt ohnmächtig bleiben. Uns steht eine Macht zur Verfügung, eine Waffe der Liebe und der Wahrheit, deren Einsatz zu lernen wir noch im Begriff sind.

Gandhi und King hielten daran fest, dass die Tage der Gewalt zu einem Ende kommen – durch Gewaltfreiheit. Mit jeder Entscheidung für Gewaltfreiheit und jeder gewaltfreien Aktion treten wir in eine neue Ära der Menschheitsgeschichte ein. Dieses neue Zeitalter wurzelt im Besten der Spiritualität, der Theologie und der Moral, im Besten in uns allen für uns alle. Wenn wir in jedem Lebensaspekt Gewaltfreiheit vertiefen, verkünden wir das Kommen einer gewaltfreien Welt, einer Welt ohne Krieg, Hunger, Töten, Hinrichtungen, Atomwaffen und Umweltzerstörung. Es gibt keine bessere Verwendung für unser Leben. Damit erfüllen wir auch unsere Berufung, Söhne und Töchter des Gottes des Friedens zu werden. Wir dienen direkt dem Kommen der Friedensherrschaft Gottes auf Erden.

Das gewaltfreie Leben, das wir auf diesen Seiten dargestellt haben, umfasst drei Dimensionen: Gewaltfreiheit gegen uns selbst: sodass wir inneren Frieden entwickeln und unsere Einheit mit dem Gott des Friedens behaupten, Gewaltfreiheit gegen alle anderen, alle Geschöpfe und die gesamte Schöpfung, sodass sich Liebe und Gerechtigkeit ausbreiten können und die Schöpfung geschützt wird, und Gewaltfreiheit, indem wir der globalen Basisbewegung der Gewaltfreiheit beitreten, sodass immer mehr von uns an dem Kampf teilnehmen, Krieg, Armut, Atomwaffen, Umweltzerstörung und alle Formen struktureller Gewalt zu beenden, und größere Durchbrüche für Gerechtigkeit und Abrüstung unvermeidlich werden.

Wenn wir die Gewaltfreiheit Gandhis und Kings immer besser verstehen, wird uns die Notwendigkeit deutlich, alle drei Dimensionen gleichzeitig zu praktizieren. Wir beschließen, die Fehler unserer Vorläufer in diesen Bewegungen nicht zu wiederholen, aber wir stellen uns auf ihre Schultern und gehen die Straße in Richtung Frieden weiter. Wenn wir das tun, können wir wie Gandhi und King Menschen der aktiven Gewaltfreiheit werden, Menschen, die die Welt verändern: Heilige, Propheten, Apostel, Lehrer, Heiler und Meister des göttlichen Friedens.

Das können wir tun: Wir können ein gewaltfreies Leben führen. Wir können Gottes Gabe des Friedens in uns, unter uns und in der Welt willkommen heißen. Wir haben mehr Macht, als wir denken. Wir alle haben die Macht des Gottes des Friedens in uns, wenn wir an diesem Glauben festhalten und ihm gemäß zu handeln wagen. Wir können den Frieden zu unserer Heimat machen und dazu beitragen, dass die Erde für alle in eine Heimat des Friedens verwandelt wird.

Und deshalb beende ich unsere Überlegungen ebenso, wie ich sie begonnen habe, mit einem Gebet zum Gott des Friedens und bitte ihn, uns dabei zu helfen, Friedensstifter zu werden, Menschen, die das gewaltfreie Leben in seiner Fülle leben:

Gott des Friedens, ich danke dir dafür,
dass du mich zu einem Leben der Gewaltfreiheit einlädst,
dazu, Friedensstifter und dein geliebter Sohn /
deine geliebte Tochter zu werden.
Schenke mir die Gnade, gewaltfrei mit mir selbst umzugehen,
mit mir selbst Frieden zu schließen, den Geist des Friedens
in meinem Innern willkommen zu heißen und als Person
deine friedvolle Gegenwart auszustrahlen.
Schenke mir die Gnade, gewaltfrei mit allen anderen,
allen Geschöpfen und der gesamten Schöpfung umzugehen,
sodass ich alle als meine Geschwister liebe und zum Schutz
der Menschheit, deiner Geschöpfe und der gesamten Schöpfung
beitrage, damit dein Friedensreich zur lebendigen Realität wird.
Und schenke mir die Gnade,
deinen globalen Basisbewegungen der Gewaltfreiheit
zu dienen, sodass ich meinen Teil dazu beitragen kann,
Krieg, Armut, Rassismus, Sexismus, Atomwaffen, strukturelle
Ungerechtigkeit und Umweltzerstörung zu beenden, damit
immer mehr Menschen die Weisheit der Gewaltfreiheit in sich
aufnehmen und fleißig für Abrüstung und Gerechtigkeit arbeiten,
damit eines Tages überall auf Erden dein Frieden
verwirklicht werden mag.
Ich danke dir, Gott des Friedens, für alle Segnungen des Friedens,
der Hoffnung, des Lebens und der Liebe, die du mir gibst.
Mache du mich zu einem Werkzeug deines Friedens und
ich gebe dir, um dich zu preisen, die Gabe eines
gut geführten gewaltfreien Lebens.

Amen.

Danksagungen

Ich danke meinen Freunden und Mitarbeitern von *Pace e Bene* für ihre Hilfe und Unterstützung bei diesem Projekt und für alles, was sie tun, um Gewaltfreiheit zu fördern: Fr. Louie Vitale, O.F.M., L.R. Berger, Veronica Pelicaric, Jerica Arents, Kit Evans, Ryan Hall und Ken Butigan. Ihr seid die beste Friedensgruppe im Land!

Dank an Carmelita Laura Valdes Damron dafür, dass ich ihr schönes Gemälde für das Buchcover gebrauchen durfte. Ich bin so dankbar dafür!

Großen Applaus für meine Freunde, die mich durch dieses Projekt und meinen eigenen Kampf mit dem gewaltfreien Leben begleitet haben: Danny O'Regan, Barbara und Jim Reale, Renea Roberts und Mat Crimmins, Janet und Martin Sheen, Nancy und John Cusack, Arch., Sr. Helen Prejean, Sr. Margaret Maggio, Danny Muller, Joe Cosgrove, Harry Geib, S.J., Bill Sneck, S.J., Steve Kelly, S.J., Daniel Berrigan, S.J., George Anderson, S.J., Chris Boles, S.J., Eric DeBode, Maria Decsy, Mairead Maguire, Kathy Kelly, Anna und David Smith, Roshi Joan Halifax, Ed De-Berri, Ellie Voutselas, Bud Ryan, Ray East, Patti Normile, Shelley und Jim Douglass, Natalie Goldberg, Mark und Richard Deats, Pat O'Brien, Jack Marth, Ben Jimenez, Jim Fickey, Patrick Hart, Carole Powell, Joe Schmidt und die afghanischen Friedensfreiwilligen.

Mein besonderer Dank gilt Ryan Hall von *Pace e Bene* für die Geduld, mit der er trotz meinen endlosen Emails, Anrufen, Fragen, Vorschlägen und Bemerkungen zur Veröffentlichung mit mir gearbeitet hat, um dieses Buch herauszubringen. Pace e Bene für dich, Ryan!

Am meisten danke ich meinem Freund und Mitarbeiter, dem Leiter von *Pace e Bene* Ken Butigan, der mich seit Jahrzehnten inspiriert und der einer der nicht besungenen Helden der Friedensbewegung ist. Ich danke dir, Ken, dass du mich eingeladen hast, dem Team von *Pace und Bene* beizutreten. Danke für all deine Hilfe über die Jahre, in denen du mich auf meiner Reise der Gewaltfreiheit ermutigt hast. Dank dir für dein freundliches Vorwort und dank dir für all die schwere Arbeit an diesem Manuskript. Du hast nicht nur das Buch verbessert, du hast mit deiner Freundlichkeit, deiner Großmut und Freundschaft auch mein Leben bereichert.

Du, Ken, zeigst mir, wie das gewaltfreie Leben aussieht. Ich danke dir. Pace e Bene – für immer!

Ich schenke dieses kleine Buch meinen Freunden Dar und Patty. Die beiden gehören zu den besten „Personalvermittlern für das Universum", die ich kenne. Mögen wir immer die Lieder von Frieden und Liebe singen!

Und möge der Gott des Friedens uns alle segnen!

ÜBER PACE E BENE

Foto: https//paceebene.org

Pace e Bene Nonviolence Service fördert durch Bildung, Gemein-
schaftsaufbau und Aktionen für gewaltfreien Wandel Frieden, Gerechtigkeit und Wohlergehen. *Pace e Bene* hat 700 Workshops in Gewaltfreiheit für 30.000 Menschen in den Vereinigten Staaten und in
aller Welt durchgeführt und zahlreiche Bewegungen für gewaltfreien Wandel organisiert oder an ihnen teilgenommen. In seinem
Verlag der *Pace e Bene Press*, hat es zahlreiche Bücher und Handbü-
cher veröffentlicht.
Pace e Bene ist italienisch und bedeutet „Frieden und Gutes". Es war
der Gruß des heiligen Franziskus von Assisi, mit dem er Frieden
inmitten einer gewalttätigen Welt proklamierte.
Pace e Bene Nonviolence Service wurde 1989 gegründet. Es bietet
Hilfsquellen für die Reise der persönlichen und sozialen Transfor-
mation an: Besinnungstage, Workshops, Vorträge, Unterricht und
eine Vielzahl von Veröffentlichungen. Für *Pace e Bene* ist Gewaltfreiheit mehr als ein Prinzip für wirksamen Protest, sie ist eine Lebensweise. Seit mehr als zwei Jahrzehnten verändert *Pace e Bene* auf ein-
zigartige Weise das Leben und erreicht Menschen in aller Welt, indem es den Teilnehmern ihre eigene Furchtlosigkeit und Empathie
erschließt und indem es die Macht des gewaltfreien Wandels frei-
setzt.
Stab und Mitglieder von *Pace e Bene* unternehmen gewaltfreie Aktionen und arbeiten mit zahlreichen Einzelnen, Organisationen und

Bewegungen zusammen, um durch die Zusammenarbeit ihre Bemühungen zu verstärken. Ihre gemeinsamen Ziele sind: Krieg beenden, Menschenrechte schützen, Ungerechtigkeit infrage stellen und die tiefen spirituellen Aufgaben von heute erfüllen: eine gerechtere und friedliche Welt aufbauen.

Pace e Bene hat Stab und Mitglieder in Chicago, Illinois, Los Angeles, Kalifornien, Oakland, Kalifornien, Santa Fe, New Mexico, Concord, New Hampshire, Montreal, Quebec, Kanada, Perth, Australien, Plateau State, Nigeria, und ein wachsendes Netzwerk von Mitarbeitern in Nord- und Südamerika.

Wir bieten eintägige und Wochenend-Workshops für örtliche Gemeinden an und setzen dabei Quellen und Werkzeuge unseres weithin anerkannten Buches *Engage: Exploring Nonviolent Living*[1] ein.

2013 setzte *Pace e Bene* die *Campaign Nonviolence* in Gang. Das ist eine nationale Bewegung zur Veränderung unseres Lebens und unserer Welt durch die Macht der aktiven Gewaltfreiheit. Die Kampagne strebt an, die drei Hauptkomponenten von John Dears Buch *The Nonviolent Life - Gewaltfrei leben* – in die Tat umzusetzen: Gewaltfreiheit gegen sich selbst, Gewaltfreiheit gegen andere, alle Geschöpfe und die gesamte Schöpfung und Gewaltfreiheit, indem man sich der globalen Bewegung zur Abschaffung des Krieges, zur Beendigung der Armut, zum Anhalten der Zerstörung der Erde und zur Förderung einer gerechten und friedlichen Welt für alle anschließt.

Bitte besucht unsere Website www.paceebene.org, bestellt noch weitere Bücher und Quellenmaterial, ladet uns ein, Workshops abzuhalten, und nehmt an der großen Mission teil: dem Aufbau einer globalen Basisbewegung der Gewaltfreiheit!

---

[1] Eine ausführliche Buchvorstellung findet sich unter: https://paceebene.word press.com/workshops/engage-exploring-nonviolent-living/.

ÜBER DEN AUTOR

„John Dear ist der Inbegriff eines Friedensstifters", schrieb Erzbischof Desmond Tutu vor ein paar Jahren, als er John für den Friedensnobelpreis vorschlug. „Er ging mit seinen Aktionen und in seinen Schriften und in zahlreichen Predigten, Reden und Demonstrationen mit gutem Beispiel voran. Er glaubt, dass Frieden nichts Statisches ist, sondern dass Friedenstiften heißt, sich mit Seele, Körper und Geist zu engagieren. Seine Lehre besteht darin, man solle sich selbst lieben, seinen Nächsten lieben, seinen Feind lieben und die Welt lieben und die große Verantwortlichkeit dafür verstehen, dass man das alles tun muss. Er ist ein Mann, der den Mut seiner Überzeugungen hat und der sich gegen Krieg, Waffenproduktion und jede Situation ausspricht, in der ein Mensch durch Gewalt in Gefahr gerät. Wenn das Böse weiterhin herrschen soll, dann brauchen die guten Menschen nur am Rande zu sitzen und nichts zu tun. John Dear drängt uns dazu, aufzustehen und die Verantwortung für das

Leiden der Menschheit zu übernehmen, das so vielfältig durch Selbstsucht und Gier verursacht wird." John Dear spricht seit Jahrzehnten zu den Menschen in aller Welt über das Evangelium Jesu, die Gewaltfreiheit und die Berufung zum Friedenstiften. Er war Leiter des Versöhnungsbundes, der größten religionsübergreifenden Friedensorganisation in den Vereinigten Staaten, und nach dem 11. September 2001 einer der Koordinatoren der Seelsorger im *Family Assistance Center* des Roten Kreuzes. Er beriet Tausende Verwandte der Opfer und Rettungsleute. Er hat in Obdachlosenheimen, Suppenküchen und Gemeindezentren gearbeitet, reiste in Kriegsgebiete in aller Welt, darunter Irak, Palästina, Nikaragua, Afghanistan und Kolumbien. Er lebte in El Salvador, Guatemala und Nordirland. Er wurde wegen Aktionen zivilen Ungehorsams gegen den Krieg mehr als 75mal verhaftet und verbrachte wegen einer *Plowshares*-Abrüstungs-Aktion acht Monate im Gefängnis. 1990 arrangierte er vor verschiedenen Staats-Gouverneuren Auftritte Mutter Teresas zur Aufhebung der Todesstrafe. Er hat zwei Masterabschlüsse in Theologie von der *Graduate Theological Union* in Kalifornien und lehrte Theologie an der Fordham-Universität.

John Dear wurde in folgenden Zeitungen und anderen Medien vorgestellt: *The New York Times, The Washington Post, USA Today, National Public Radio's „All Things Considered"* und an anderen Orten. Er schreibt wöchentlich einen Blog für den *National Catholic Reporter* (www.ncronline.org) und wirkt regelmäßig in der nationalen Radiosendung *„Democracy Now!"* und der *Huffington Post* mit. Er ist Gegenstand einer DVD-Dokumentation von *„The Narrow Path"* (mit Musik von Joan Baez und Jackson Browne). Patricia P. Normile (*St. Anthony Messenger Press*, 2009) porträtiert ihn unter dem Titel *John Dear On Peace: An Introduction to His Life and Work.* Seine fast dreißig Bücher wurden in zehn Sprachen übersetzt. John Dear gehört zum Mitarbeiterstab von *Pace e Bene*.

Weitere Informationen: www.john.dear.org

ÜBERSETZERIN UND HERAUSGEBER
DIESES BUCHES

Die Übersetzerin:
Ingrid von Heiseler

Foto:
Thorsten Greve, Mai 2013

Studium der Germanistik, Theologie und Pädagogik; Staatsexamen
an der Universität Göttingen, Referendariat in Braunschweig, Lehrerin am Gymnasium Kreuzheide in Wolfsburg (1968-98). – Zusatz-
ausbildungen u.a. in Gesprächstherapie (GwG), Gruppenmoderati-
on (u.a. in La Jolla, Kalifornien), Gordon-LehrerTraining, Systemi-
scher Beratung und Mediation.

Autorin des „erzählenden Berichts" *Einer tanzt aus der Reihe* (1990),
von *Ingo lebt anders (eBuch), Lost in Goa. Fakten und Fiktion* (2001 und
2018), der Autobiografie *Leben 10 Anfänge* (2011) und von *Dieser Eingang ist nur für dich bestimmt. Kürzere Texte* (2018). Seit 2002 *Übersetzungen* von Publikationen hauptsächlich auf dem Gebiet Frieden
und Konfliktbearbeitung und *Lektorieren* wissenschaftlicher Arbeiten.

Übersetzungen zu Themen, die John Dear in seinem Buch anspricht:
John A. McConnell, *Achtsame Mediation* (2002), Pat Patfoort, *Sich verteidigen ohne anzugreifen* (aus dem Französischen, 2004), Ira Chernus,

Warum handeln Menschen gewaltfrei? Geschichte einer Idee (2008), Abdul Ghaffar Khan, *Mein Leben. Autobiografie. Wie ein Weggefährte Gandhis die Gewaltfreiheit im Islam begründet* (2012), Uri Avnery, *Israel im arabischen Frühling* (Artikel 2012) und sieben weitere Titel desselben Autors, Rajmohan Gandhi, *Ghaffar Khan. Gewaltfreier Badshah der Paschtunen* (2017), Stellan Vinthagen, *Eine Theorie der gewaltfreien Aktion. Wie ziviler Widerstand funktioniert* (2017), Rivera Sun, *Der Löwenzahnaufstand: Liebe und Revolution. Roman* (2018).

Insgesamt 24 eBücher und 12 Taschenbücher bei Kindle Amazon. Alle Arbeiten bis März 2019 werden auf der Webseite vorgestellt: http://ingridvonheiseler.formatlabor.net

Der Herausgeber:
Thomas Nauerth

Nauerth, Thomas, Dr. theol. habil.; apl. Prof. für Religionspädagogik am Institut für Katholische Theologie Universität Osnabrück; Mitglied im Ökumenischen Institut für Friedenstheologie / Ecumenical Institute of Peace Theology und im Internationalen Versöhnungsbund / Deutscher Zweig, sowie im wissenschaftlichen Beirat von Pax Christi. Redakteur der Homepage www.friedenstheologie.de.

Arbeitsschwerpunkte:
Friedenstheologie, Friedenserziehung und biblische Bildung.
(Vgl. auch http://independent.academia.edu/ ThomasNauerth)

Weiterführende Literatur

Ackerman, Peter/ Duvall, Jack, A Force More Powerful. A Century of Nonviolent Conflict, New York: St. Martin's Press 2000.

Berrigan, Daniel, To Dwell in Peace, Oregon: Wipf and Stock 2007.

Butigan, Ken, Nonviolent Lives: People and Movements Changing the World Through the Power of Active Nonviolence, Las Vegas, Nev.: Pace e Bene Press 2016.

— / Bruno, Patricia, From Violence to Wholeness: The Spirituality und Practice of Active Nonviolence. Pace e Bene Press 2002.

— / Litell, Mary/ Louis Vitale, Franciscan Nonviolence. Stories, Reflections, Principles, Practices and Resources. Las Vegas, Nev.: Pace e Bene Press 2003.

Chernus, Ira, American Nonviolence, Maryknoll: Orbis, 2004. Deutsch: Warum handeln Menschen gewaltfrei? Geschichte einer Idee. Aus dem Englischen von Ingrid von Heiseler, Belm-Vehrte/Osnabrück: Sozio-Publishing (2012).

Chenoweth, Erica / Stephan, Maria, Why Civil Resistance Works: The Strategic Logic of Nonviolent Conflict. New York: Columbia Univ. Press 2012.

Chödrön, Pema, Meditieren. Freundschaft schließen mit sich selbst, München: Kösel 2013.

— Beginne, wo du bist. Eine Anleitung zum mitfühlenden Leben. 3. Auflage, Braunschweig: Aurum 2000

Dear, John, Ein Mensch des Friedens und der Gewaltfreiheit werden. Ausgewählte Aufsätze und Reden (Übers. von Ingrid von Heiseler), Norderstedt: BOD, 2018.

Deats, Richard, Martin Luther King. Traum und Tat. Ein Lebensbild, München: Neue Stadt 2008.

Douglass, James. Lightning East to West, Oregon: Wipf und Stock, 2006. Deutsch: Wie ein Blitz von Ost nach West: Jesus, Gandhi und das Atomzeitalter. Eine Ermutigung zum menschlichen Da-Sein (Übers. von Herbert Lorenz), München: Werkhaus 1986.

— The Nonviolent Coming of God, Oregon: Wipf und Stock 2006.

— The Nonviolent Cross, Oregon: Wipf und Stock 2006.

Friede findet tausend Wege. 100 Jahre Versöhnungsbund. Ein Lesebuch, Minden 2014.

Grosse, Heinrich W. (Hg.), Ich habe einen Traum: Ein Lesebuch, Ostfildern: Patmos 2018.

HANH, Thich Nhat, Creating True Peace, New York: Free Press, 2003. *deutsch*: Wahren Frieden schaffen. Aus dem Englischen von Erika Ifang, München: Goldmann 2004.

Peace Is Every Breath. New York: HarperOne, 2011. *deutsch*: Friede in jedem Atemzug: ein Übungsbuch. Aus dem Englischen von Astrid Ogbeiwi, München: Goldmann 2012.

—Peace Is Every Step. New York: Bantam, 1991. *deutsch*: Ich pflanze ein Lächeln. Der Weg der Achtsamkeit. Aus dem Englischen von Jürgen Saupe, München: Goldmann 1991.

HOLMES, Richard Hg.), Nonviolence In Theory und Practice, Calif: Wadsworth Pub., 1990.

LASSERRE, Jean, Die Christenheit vor der Gewaltfrage. Die Stunde für ein Umdenken ist gekommen, Berlin 2010

LONG, Michael (Hg.), Christian Peace und Nonviolence: A Documentary History, Maryknoll: Orbis 2011.

LYND, Staughton/ LYND, Alice (Hg.), Nonviolence in America, Maryknoll: Orbis 1995.

MERTON, Thomas, Gewaltlosigkeit. Eine Alternative. Zürich, Köln 1986. (digital verfügbar in der „Handbibliothek Christlicher Friedenstheologie" (= Sonderband der Digitalen Bibliothek), Berlin 2004.

POWERS, Roger/ VOGELE, William Eds., Protest, Power und Change: An Encyclopedia of Nonviolent Action, New York: Garland Pub. 1997.

ROSENBERG, Marshall, Nonviolent Communication, Calif.: Puddle Dancer Press 2003. Deutsch: Marshall B. ROSENBERG: Gewaltfreie Kommunikation. 11. überarbeitete und erweiterte Auflage, Paderborn: Junfermann 2013.

SPIEGEL, Egon / NAGLER, Michael, Politik ohne Gewalt. Prinzipien, Praxis und Perspektiven der Gewaltfreiheit, Berlin 2011.

SUN, Rivera, *deutsch*: Der Löwenzahnaufstand: Liebe und Revolution. Roman. Aus dem Englischen von Ingrid von Heiseler (Mai 2018).

VINTHAGEN, Stellan, Eine Theorie der gewaltfreien Aktion. Wie ziviler Widerstand funktioniert. Aus dem Englischen von Ingrid von Heiseler, Wolfsburg: Metagrapho 2017.

WINK, Walter, Verwandlung der Mächte. Eine Theologie der Gewaltfreiheit, Regensburg 2014.

YODER, John Howard, The Politics of Jesus. Grand Rapids, Mich.: Wm. B. Eerdmans Publishing Co., 1994 (1972). *deutsch*: Die Politik Jesu. Aus dem Englischen von Wolfgang Krauß, Schwarzenfeld: Neufeld Verlag 2012.

John Dear

Ein Mensch des Friedens und der Gewaltfreiheit werden

Ausgewählte Aufsätze und Reden

Übersetzt von Ingrid von Heiseler,
ausgewählt und herausgeben von Thomas Nauerth,
mit einem Vorwort von Peter Bürger

edition pace 1

168 Seiten; farbige Abbildungen; Taschenbuch; Preis 6,99 €
Norderstedt: BoD 2018 – ISBN: 978-3-7460-8898-3

Der katholische Priester John Dear ist einer der populärsten Botschafter des gewaltfreien Weges in den USA. Als Autor und Friedensarbeiter wirbt er in der Begegnung mit vielen Menschen für ein entschiedenes Christsein:

„In diesen dunklen Zeiten ist unsere Aufgabe einfach: die Wahrheit sagen, gegen Krieg und Ungerechtigkeit Widerstand leisten, Gewaltfreiheit üben, den Armen beistehen, alle Menschen lieben, beten und die Vision einer neuen Welt ohne Krieg, Armut und Atomwaffen aufrechterhalten. Wir sind berufen, dem gewaltfreien Jesus auf der Straße des Friedens zu folgen."

Aufgrund seines zivilen Ungehorsams wider das Imperium todbringender Mächte wurde John Dear mehr als 75 Mal inhaftiert; seine längste Haftstrafe belief sich auf acht Monate Gefängnis. Von seinen über 30 Buchveröffentlichungen liegen Übersetzungen in zehn Sprachen vor.

Mit dem vorliegenden Sammelband erschließen Thomas Nauerth (Herausgeber) und Ingrid von Heiseler (Übersetzerin) erstmals eine repräsentative Textauswahl für das deutschsprachige Lesepublikum.

Heinrich Missalla
„GOTT MIT UNS"
Die deutsche katholische Kriegspredigt 1914-1918
edition pace 2
132 Seiten; zahlreiche Abbildungen; Taschenbuch; Preis 5,60 €
Norderstedt: BoD 2018 – ISBN: 978-3-7528-1568-9

Christian Weisner, Friedhelm Meyer, Peter Bürger (Hg.)
„GEDENKT DER HEILIGSPRECHUNG VON OSCAR ROMERO
DURCH DIE ARMEN DIESER ERDE"
Dokumentation des Ökumenischen Aufrufes
zum 1. Mai 2011 – Zuschriften – Lesesaal
edition pace 3
268 Seiten; farbige Abbildungen; Taschenbuch; Preis 9,99 €
Norderstedt: BoD 2018 – ISBN: 978-3-7460-7979-0

Reinhard J. Voß
DIE KATHOLISCHE KIRCHE IN DER DR KONGO
IM KONTEXT VON GESELLSCHAFT UND ÖKUMENE
edition pace 4
372 Seiten; farbige Abbildungen; Taschenbuch; Preis 12,99 €
Norderstedt: BoD 2019 – ISBN: 978-3-7481-4482-3

Matthias-W. Engelke
ZELT DER FRIEDENSMACHER
Die christliche Gemeinde
in Friedenstheologie und Friedensethik
edition pace 5
464 Seiten; Abbildungen; Taschenbuch; Preis 15,90 €
Norderstedt: BoD 2019 – ISBN: 978-3-7494-3645-3

Rainer Schmid, Thomas Nauerth,
Matthias-W. Engelke, Peter Bürger (Hg.):
„IM SOLD DER SCHLÄCHTER"
Texte zur Militärseelsorge im Hitlerkrieg
edition pace 6
440 Seiten; farbige Abbildungen; Taschenbuch; Preis 14,99 €
Norderstedt: BoD 2019 – ISBN: 978-3-7481-0172-7

edition pace

Die hier fortgesetzte *edition pace*,
initiiert von Thomas Nauerth und Peter Bürger,
erschließt Quellentexte, Inspirationen & Forschungsbeiträge
zu folgenden Themenschwerpunkten:

Kultur der Gewaltfreiheit und des Friedens;
Persönlichkeiten, Spiritualität und Praxis
des gewaltfreien Widerstands;
Friedenstheologie, Kritik der Kriegsreligion;
Kirchliche Friedenslehren und Geschichte des
religiös motivierten Pazifismus;
Ökumenische und interreligiöse Lernprozesse
in der Bewegung für Gerechtigkeit, Frieden und
Bewahrung der Schöpfung.